JN142201

時知りてこそ

ヤクルト創業者・永松昇

井上茂

海鳥社

はじめに

軽快なＢＧＭに合わせて自転車のペダルを踏む女性たち。前後の荷台には乳酸菌飲料を詰め込んだバッグを載せて疾走する、どの女性も健康で明るい。テレビコマーシャルのイメージである。

「ヤクルトおばさん」の愛称と、そのにこやかなイメージで、製品は全国津々浦々まで知れ渡った。この飲料会社は、創業八十年を超える。

今日では「ヤクルトレディ」と呼ばれるこの人たちは、従業員ではない。世界的にもユニークな組織で、一人一人が独立した販売店主なのだ。「笑顔と真心で健康を届ける」使命を果たす、ヤクルト製品の販売組織の一員である。

株式会社ヤクルトが、今日の発展を成し得たのも、この女性たちが対話によって宣伝、拡販し、山村辺地をいとわずに足をこまめに運んだお蔭である。

ヤクルト本社が平成二十九（二〇一七）年六月に提出した有価証券報告書（平成二十八年四月—同二十九年三月）によると、企業集団は本社以外に子会社七十四社、関連会社二十一社、その他の関係会社一社で構成されている。

主な事業内容は、①飲料および食品製造販売として、乳製品、ジュース・清涼飲料、その他の食品など、②医薬品製造販売、③その他事業として、化粧品、プロ野球興行を挙げている。そして海外の事業所は、今や三十二の国と地域に広がっている。

ヤクルトレディは、現在国内に約四万二〇〇〇人、海外にも十二の国と地域に約三万九〇〇〇人、合わせて八万一〇〇〇人に上っている。

ヤクルト本社の平成二十九年三月期の決算は、売上高三七八三億七〇〇〇万円、経常利益四九三億三七〇〇万円、総資産五八五七億円、日本を代表する大企業である。

その創業の裏には、今日でいう予防医学の必要性に早くから着目した、一人の研究者と一人の医師を志望した若者の「国民の健康を増進する」という共通する信念があった。だが、そこにはヤクルト本社設立後に見る、創業者と後継者との争いも見落とすわけにはいかない。それは拡大成長に向かう時に、必然的にはらむ確執だったといえよう。

石炭と鉄鋼生産によって、近代日本の礎となったのは北部九州であったといっていいだろう。鉄鋼生産に不可欠な石炭を豊富に埋蔵する筑豊炭田を背景にした地の利が、かつて国に八幡製鐵所を設立させ、一大工業地域を形成した。

その明治末の活況時代にこの街に誕生した一人の若者が、のちに日本を代表する企業を郷土（福岡市）に創業したのである。

生まれて幼少期を過ごした〝石炭の集積地〟で醸成されたこの若者の気風は、生涯変わらずに、愚直に生きた。のちに救援に駆けつけた広島で被爆し、その後、原爆後遺症に苦しみつつも、西郷隆盛が目指した「敬天愛人」を信条としながら。

彼は持ち前の私欲のない人柄と、時代を先取りする意欲と決断によって、事業を拡大させ、各界、各層にわたって多くの知己を得た。ただし、絶頂期を歩む者が道を踏みたがえた時、絶壁を転がり落ちるのも世の常である。

彼の生涯は多くを語られずに、ひっそりと終わってしまった。

なぜに、人知れずして泉下の客となったのだろうか。

時知りてこそ――ヤクルト創業者・永松昇◉目次

而立――ヤクルト時代……55

岐路

ヨーグルトとの出合い

母の里・宇佐

大分県宇佐市南宇佐にある宇佐神宮は、全国に約四万社あるとされる八幡宮の総本社である。広大な境内は国の史跡であり、神宮の本殿は国宝に指定されている。応神天皇を主神に、神代に宇佐嶋《うさのしま》に降臨したという比売神《ひめがみ》、応神天皇の母で三韓征伐を指揮したといわれる神功皇后が祀られている。

八幡神は、欽明天皇三十二（五七一）年に、応神天皇の神霊として初めてこの宇佐の地に現れたと伝わる。その後、八幡神は豪族や武家には戦いの守護神として崇められて、広く全国に八幡宮が広がっていった。

宇佐神宮は全国各地で行われている放生会の発祥の地とされ、朝廷に反乱を起こし鎮圧された隼人（薩摩、大隅、日向に居住）の怨霊を鎮めた祭りが、その始まりとされている。朝廷とのつながりが深く、天皇の勅使が訪れて天皇の祭文を捧げる勅使参向の社《やしろ》の一つである。

永松昇の母ナツの実家は、宇佐神宮のすぐ近くにあった。永松家は、江戸時代から代々米問屋を継いできた。屋号を「浜屋」と言った。周囲には、あらゆる商人、職人が軒を連ねていた。

浜屋は、同神宮に参拝する勅使が渡る呉橋《くれはし》と呼ばれる由緒ある参詣橋に近い仲町通りの一等

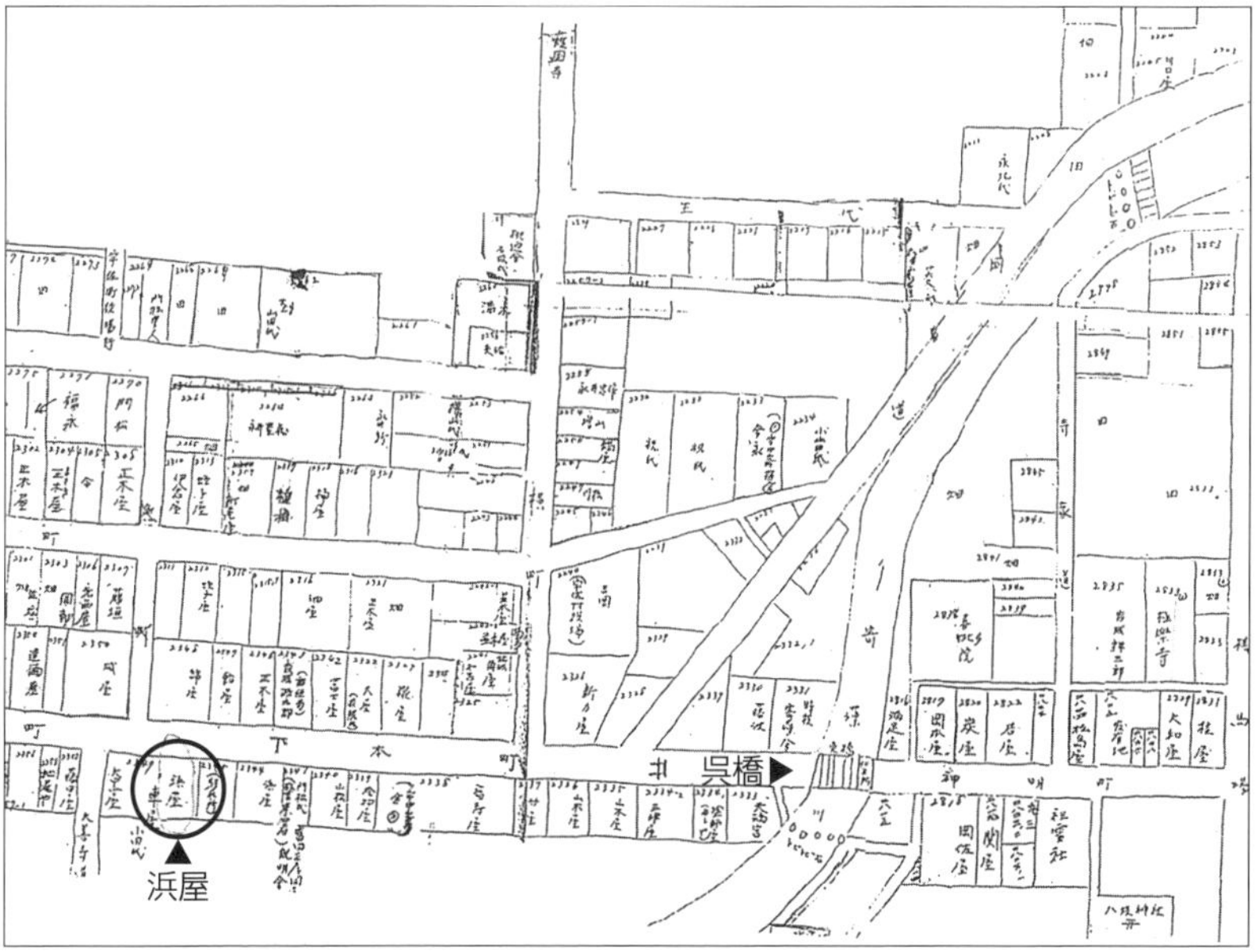

宇佐八幡宮近くの永松の実家（浜屋）周辺の地図
（宇佐神宮風除報賽祭奉能出仕者及屋号並所在地図面から）

地にあって、通りに面していた。屋敷は広い敷地に、母屋のほかに白壁の米蔵、使用人の住まいなどが何棟も軒をなしていた。現在は表参道が移って西参道と呼ばれているが、江戸時代以前は神宮正面に向かう表参道として最も栄えた。

　朝廷の使者である勅使が派遣されると、浜屋の前のこの参道を通るので、勅使通りとも言われた。勅使はこの表参道を抜けると、正面に見える呉橋を渡って、境内に入るのである。

　呉橋は、同神宮の神域となっている寄《より》藻《も》川に架かった屋根つきの内部が朱塗りの優雅な橋である。勅使だけが使う畏れ多い橋でもある。鎌倉時代以前に中国の呉の職人が造ったらしいが、記録では元

宇佐・永松家跡地（右手前）。奥は宇佐神宮の呉橋につながる

和八（一六二二）年に、小倉藩主の細川忠利が修築し、今日までに二度改修されている。石造の三基の橋脚の上に、約二五メートル、幅約三・五メートルの屋根つきの木造橋を築いている。

奥の小高い丘陵に鎮座する上宮を覆うかのように繁った境内の樹木林を背景にして、檜皮葺《ひわだぶき》の屋根、棟には銅瓦を当てたその瀟洒な造りは、地元の自慢の一つである。

ナツは福岡県遠賀《おんが》郡若松町（現・北九州市若松区）の商家・安田橘二郎《きつじろう》に嫁いだ。浜屋は永松雄太郎の代になっていた。

雄太郎には、ナツの下にもチヨという年頃の妹がいた。

そのころ、遠賀郡や企救《きく》郡などの北部九州は、炭鉱開発による石炭ブームが到来していた。とりわけ、若松町は石炭の集荷と積み出しの中核基地として活気を呈していた。

「二人とも幸せなところに嫁がせてやりたい」

子供のいない雄太郎は、朝起きると呉橋そばで神宮社叢に向かって手を合わせ、妹たちのとこしえの多幸を願う毎日を送っていた。

炭鉱景気に沸く北九州

黒田藩の儒学者・貝原益軒《えきけん》が『筑前国続風土記』に「燃《もえ》石　遠賀郡、鞍手《くらて》、嘉摩《かま》、穂波、宗像郡の中、所々山野にこれあり。村民是をほり取て、薪に代用ゆ。遠賀、鞍手殊に多し。頃年糟屋郡の山にてもほる。烟多く臭悪しといへども、よくもえて火久しくあり。水風呂のかまにたきて尤《もっとも》よし」と記すように、筑豊の石炭発見は文明年間（一四六九―八六年）と早い。明治、大正になると、その産出量は国内生産の半分近くを占めていた。

明治十八（一八八五）年、筑豊炭田の遠賀川筋にある遠賀、鞍手《くらて》、嘉麻《かま》、穂波、田川の五郡の組合は大同団結して「筑前国豊前国石炭坑業人組合」という日本初の同業者組合を結成した。統制ある採掘と円滑な販路拡張がねらいである。のちに「筑豊石炭鉱業組合」に改めた。かつての筑前と豊前両国に位置した地域であることから、一帯を筑豊と呼んだ。組合には筑豊御三

石炭運搬に活躍した川艜（北九州市立若松図書館所蔵）

家とされる麻生太吉、貝島太助、安川敬一郎らが加わっている。

筑豊炭は、遠賀川と洞海《どうかい》湾《わん》への人工水路である堀川などの支水路を、毎日数千隻もの川艜《かわひらた》で芦屋町や若松町まで運んだ。川艜は五平太舟の愛称でも呼ばれた。この愛称は、一説には石炭発見者の名から来たという。大きさは長さが約十二－十三メートル、幅は約二－二・五メートルで、浅瀬を通るから船底を平たく広くしてある。川船としては大きめだ。風がある時には帆を張った。一隻当たり一回で最大一〇〇〇斤（約六トン）もの石炭を積んだので、毎日の輸送量は膨大なものだった。

明治二十四年、鉄道の筑豊本線が若松と筑豊炭田の直方間に、翌年には直方－小竹間に開通したために、川艜から徐々に鉄道輸送に代わっていった。それでも昭和の初めまでは、川艜は

船に石炭を積み込む「ごんぞう」たち（北九州市立若松図書館所蔵）

積み荷を石炭から生活物資に切り替えて輸送に活躍していた。

洞海湾の積み出し港では、「ごんぞう」と呼ばれる港湾労働者たちが、本船に運ぶための艀《はしけ》まで荷役する。リヤカーや天秤棒の両端にぶら下げた駕籠《かご》を使い、艀にうまい具合にヒョイッと石炭を下ろすと、今度は浜のごんぞうたちが石炭を満載したその艀を引いて、沖の本船内に積み込むのである。

沖のごんぞうが　人間ならば
蝶やトンボも　鳥のうち
若松みなとのごんぞうは　花よ
粋な手さばき　日本一

「ごんぞう唄」がはやり、若松港沖の洞海湾内は、一日何千隻という小船、大船が往来するほどの活況だった。鉄道と並行して築港会社が設立されて、港湾施設を次々に整備したことで、若松は日ごとに近代的な港町として繁栄を遂げてきたのである。

第三高を目指す

若松の商家・安田家に嫁いだナツは、四人の子供を授かった。このうち昇は、明治四十三（一九一〇）年三月八日、二男として生まれた。

ナツの実家、宇佐の永松雄太郎家には子供がなかった。「安田家は二人目の男の子だから」という理由で、昇は永松家の養子にもらわれていった。八歳の時である。

宇佐での永松昇は、跡取りを育てたい一心の養母シナから、早々に厳しいしつけを受けることになった。昇はもともと虚弱体質であったが、食事もろくに与えられないという峻烈な教育だった。発育が遅れて小学校では背はクラス一番の低さ、病気で学校も休みがちになる。それが余計にシナをいら立たせてしまった。

その後、虚弱な原因の一つが体内の寄生虫にあったことがわかって、昇は次第に体力を回復していった。

宇佐中学時代の永松（前列中央）

昇は家から二、三キロほどの高台にある旧制宇佐中学（現・宇佐高校）に進み、自宅から通った。中学に進んだ永松は、虚弱な自分の体質を変えようと、柔道、剣道、相撲、陸上競技と、血気盛んにあらゆる運動に熱中した。その成果があって、瞬く間に強さを誇るようになり、級友たちから一目置かれた。

小学時代とは打って変わって頑強な身体になった昇は、幼時にいじめられた仕返しとばかりに、よく上級生に食ってかかった。町のヤクザやチンピラたちとも堂々と渡り合うから、仲間たちにはこの上なく頼もしい存在だった。

同級生の寄宿舎の天井裏に七輪を持ち込んで、仲間とすき焼きを食らい、酒まで飲んでは談論風発し、翌日は一人山野を散策、丘陵に寝そべって天を仰いだ。

「ウォー！」

「トォー！」

自宅から持ち出した日本刀を、すさまじい雄叫びをあげて振り回した。

「また昇が騒いどる」と近隣でも評判だった。

このころの永松は、何物かに憑《つ》かれたようで、激しい青春の血潮がみなぎっていた。

昭和三（一九二八）年、そんな永松にも、中学卒業を控えて自分の進路を決める時が来た。勉強に真面目に取り組まなかった自分を、今さら後悔する気はなかった。養父の仕事を継ぐ考えも、毛頭なかった。

当時の宇佐中学は、卒業生の多くが旧制高校に進み、東京大学、京都大学、九州大学などの帝国大学を目指すという、進学、向学の気風が強い名門校として知られていた。

さすがの永松も、初めて将来について思い悩む日々が続いた。実母ナツの嫁ぎ先の安田家は、元をたどれば代々和歌山藩の御殿医であった。祖父の代までは、和歌山県有田郡保田村（現・有田市）で医者をしていた。自分が幼いころに体が弱く、それが故にシナからも厳しく育てられた。医師という職業への漠然としたあこがれを、この時から感じ始めていた。

「これが血のつながりというものなんだろうか」

「よし！　三高（現・京都大学）だ」

永松は医師を目指すことに決めた。「人の健康を守りたい」という志が芽生えた瞬間でもあった。

ヨーグルト〝エリー〟を知る

昭和三十（一九五五）年、永松は京都の第三高等学校の受験に失敗した。義父・雄太郎からは厳しく叱責された。引き続き挑戦を決断した永松は、宇佐の実家から京都に移り住んだ。このまま親に負担をかけたくないという思いと、自分の進路をそれぞれに歩んでいる仲間たちに遊んでいると見られるのは、自分のメンツがつぶれるからだ。

京都は銀閣寺の近くの寺に下宿した。親の跡取りを断って家を出た以上、仕送りに頼らずに自分で稼がねばならない。ところが永松は、このころから受験勉強の無理がたたったのか、急に両目を悪くしていた。網膜剝離を患ってしまっていたのだ。失明を心配した医師は、これ以上の目の酷使を止めるように忠告した。ここで三高の受験をあきらめるとなれば、医師への道を閉ざされる。大きな挫折である。

ちょうどこのころ、ニューヨークの株価大暴落に端を発した世界恐慌が日本にも及んでいた。不況の波は、人員整理される失業者を連日のように生み出し、授業料を払えずに中学や女学校を中途退学する人たちが相次いでいた。求人はなく、「大学は出たけれど」が流行語になり、悲喜劇映画のタイトルになるほど、厳しい就職難だった。

永松にとっては、進学をあきらめれば、今後の人生計画の変更を強いられる。生活の重圧がかかってきた。つらい決断を強いられた。

そのころ京都市内では「エリー」というヨーグルトが、牛乳と同じように、契約した家庭に毎朝宅配されていた。「ヨーグルトや乳酸菌飲料を飲むと長生きするそうだ」。そんな評判が、愛好者に支持される理由のようだった。これは京都だけのことではなく、当時世界的に「ヨーグルト不老長寿論」が流布していた。

それは、ロシアの微生物学者エリー・メチニコフ（一八四五－一九一六年）の論文からきたものだった。彼は「砂漠の遊牧民やブルガリア人に一〇〇歳以上の長寿者が多いのは、乳酸菌飲料やヨーグルトを飲んでいるからだ」と発表した。

メチニコフは「人が老化するのは、腸内細菌が作る腐敗物質による自家中毒のせいである。ヨーグルトに含まれている乳酸菌は、腐敗菌を抑えて体の免疫力を高めてくれる」という。「だから、ラクダの乳を飲む遊牧民や、ヨーグルトを摂るブルガリアの人たちは元気なのだ」と。

このメチニコフの「ヨーグルト不老長寿論」によって、各国で乳酸菌の研究や生産販売が盛んになったのである。

メチニコフは一九〇八（明治四十一）年『不老長寿論』*を書き、翌年には、「ヒトの免疫機能には白血球が関与している」と初めて明らかにして、ノーベル生理学・医学賞を受賞している。

『不老長寿論』は、次第に日本の一般家庭にも伝わり、ヨーグルトや乳酸菌飲料への関心を高めていった。

異色の研究者・正垣角太郎

日本でいち早くヨーグルト「エリー」を製造販売したのは、京都の異色の研究者・正垣角太郎（一八七四―一九三七年）である。

正垣は、もともと医師だったが、父の死で家業の製錬所を継ぐことになった。それでも三十一歳の時にメチニコフの論文を読んで「ヨーグルト不老長寿論」に賛同し、家業の傍らで京都帝国大学の医学部や農学部の研究者たちと、腸内細菌や免疫の研究を続けていた。乳酸菌療法を確認するために自ら実験台になるなど、その研究態度には学者たちも一目置いていた。

大正三（一九一四）年、正垣は念願の乳酸菌研究所を自ら立ち上げて、初めてヨーグルトの製造を始めた。

ヨーグルトは、トルコ語の「撹拌する」という意味の「ヨウル」からきている。昔から牛乳やヤギ乳などを放置した結果、自然発酵してヨーグルト化することは知られていたが、工業的な本格生産に取り組むのは、わが国では正垣が初めてだった。

そうはいっても実験器具は、一升瓶を熱加工したビーカーや、電熱器を利用して乳酸菌の培養装置にするなど、手づくりである。牛乳と種菌を入れた容器を一晩、培養装置に入れておくと、翌朝にはヨーグルトができている。それを小瓶にすくい入れて詰めていく。

発酵が速いから、商品は早く飲まなければならない。そのために、正垣は学生アルバイトを雇った。仕送りのない苦学生が多く、彼らのために学生寮も作った。

このころはまだ、「菌」と言えば「ばい菌」を思い浮かべる時代である。それを「身体に効果があります」と、丁寧に説明させるにも、真面目な学生の方が信用されてよかった。毎朝、家庭への配達を終えた学生たちは、それから各学校へ通っていた。

正垣は、大正十四年、四種類の乳酸菌の共棲培養に成功、新しい乳酸菌強化飲料に「エリー」と名付けて発売した。この名はもちろん心酔したエリー・メチニコフの名前からとったものだ。砂糖溶液を加味してさらに飲みやすくした。

エリーは軽飛行機で画期的な宣伝を行った
写真提供：㈱ピーアンドエス・コーポレーション

このころ正垣は、研究開発を強化する支援体制づくりとエリーの宣伝普及のために「研生学会」を設立した。正垣を会長に、京都帝国大学微生物学部長の木村廉教授ら大学・病院の研究者、鈴木喜三郎司法大臣、政界の実力者・頭山満など、そうそうたるメンバーが名を連ねている。正垣の交友関係の広さや懐の深さを物語っている。

また正垣のエリーに対する力の入れようは並大抵ではない。宣伝も画期的で、破格だった。新聞、雑誌での通信販売広告や、乳酸菌の効用を勧める冊子を作って家庭に配布するのはもとより、アドバルーンを揚げ、広告宣伝映画を作り、胴体に「エリー」の名を入れた軽飛行機を町の上空に回遊させた。時代の先端を行く様々な着想には、だれもが驚き注目した。

生涯の師・正垣のもとへ

永松は進学をあきらめた以上、これからの進路を選択しなければならない。医学への道を閉ざさざるを得ないが、どうしても未練が残る。新しい健康飲料エリーのほかにも、何年か前に発売されたカルピスは、薄めて手頃に飲める乳酸菌飲料として評判になっていた。

これからは新しい着想、アイデアが求められてくる時代だ。

「人の健康を預かるのは、医師だけではあるまい」

永松は思いをめぐらせた。人の健康に貢献できる商品開発、日本の食糧不足問題に挑戦する新たな研究や仕事……。

永松の下宿は、たまたま正垣の「研生学会」の事務所近くだった。

「そうだ。研生学会と名乗っているくらいだから、新製品の研究や開発にも携われるのではあるまいか。創業者の正垣角太郎氏は、腸内細菌や微生物の高名な研究者だとも聞いている。それにあの度肝を抜く発想による宣伝方法など、きっと先見的でユニークな考えの人だろう」

永松は決断した。

「よし、正垣氏を訪ねてみよう」

「正垣だ。何の用かね」

額が広く髭を蓄え、度の強い丸メガネをした正垣に、永松は研究者としての一徹さと厳しさを感じて緊張した。

永松は、座っていた椅子から立ち上がり、直立不動になって言った。

「ハイッ、ぜひこちらに入門させていただきたいのです」

「目的は？」「何をやりたいのか？」「出身は？」いろいろ聞かれると覚悟してきた永松。しかし、正垣は眼鏡の奥で永松をじっと見つめているだけだった。永松は、着古した学生服の金ボタン五つをきちんと止めて、短めの頭髪を七三に分け、背筋を伸ばしていた。

「ウム、わかった。いいだろう」

正垣はそれだけ言うと、事務員の方に向かって「オーイ。小僧が一人入りたいと言っておる。二階に連れて行ってやれ」。

何とも得体のしれない正垣ではあったが、緊張のとけた永松には太っ腹で気遣いのある人物に感じられて、ホッとした。

連れられて行った二階は、六畳間一部屋だけだった。乱雑にたたまれた何枚かの布団が小汚なく、異臭さえしていた。

案内者は言った。

「今日から夜はここで寝るんだ。相部屋だから何人かと一緒だ」

永松は心なしか不安になってきた。さっきは「小僧」と言われ、仕事の内容についても詳しい説明はない。まして待遇さえわからない。ただこの部屋が、独身仲間との共同住まいであるらしいと気づいた。

夜になった。ドヤドヤと階段を上がってくる数人の男たちの足音がした。一人でいる永松を見て、

「オー、新入りかい。お前、どうしてこんなところに来たんだ」

隣りの男も、

「まっ、そのうちわかるさ。ハ、ハ、ハ」

何かを暗示するかのように、そう言って布団をかぶった。

永松と同じくらいの年頃の男たちにからかわれながら、その意味するところは翌未明になって、すぐにわかった。

突然、誰かに枕を蹴飛ばされた。

「コラッ、新参者がいつまで寝てやがるか」

永松が時計を見ると、まだ午前三時だった。外は真っ暗だ。

「聞いておらんのか。仕込みの時間だろうが。何をボヤっとしとるんだ」

罵声を浴びせながら、布団をたたんで仲間たちは次々に階段を下りて行った。

永松は完全に思い違いをしていたことに気付いた。

新しい知識を学べる。いずれ自分も白衣を着て顕微鏡をのぞくような研究ができる。描いていたそんな夢は、木っ端微塵に吹き飛ばされた。「研生学会」という名前に抱いた期待は砕け散った。製造部門という一番の修羅場に入り込んだのだった。

「全国の皆さーん、お早うございまーす。朝の体操をご一緒しましょう」

作業が始まって一息ついたころ、二、三年前に始まったNHKのラジオ体操が流れていた。

仲間の多くはアルバイト学生だ。ラジオ体操が始まるころになると、製造したばかりのエリーを手分けして宅配した後、それぞれの学校に通った。授業がなければ営業に回って、販路の拡張・宣伝をするのが、研生学会の若者の実際の仕事だった。

釜の炊き方、仕込みまでの準備、回収瓶の洗浄、肉体労働は毎日十時間を超えた。思いもよらなかった製造現場だったが、永松は連日懸命に仕事を続けた。鍛えた体力には自信があった。

「今の自分は我慢して頑張るだけだ」

やがて一年経ち、二年が過ぎるころ、永松に対して上司や幹部社員の見る目が次第に違ってきた。

ある時、幹部から「お前、営業をやってみないか」と言われた。ここでは、製造現場は新参者、営業はランクが上の社員の仕事だった。

翌日から永松は、一〇〇人分のエリーの配達を言われた。半分の五十本は決まった得意先への宅配だが、残り半分は試供品なので、新規開拓をして売り込まなければならない。三高への合格だけを目指して受験勉強の毎日だった永松は、京都の地理さえまだ疎かった。まして人様に商品を売り込むには、九州人特有の言葉やアクセントの壁もあった。宇佐なまりで見るからに朴訥とした自分が、やわらかい京都弁で売り込むなど、とても考えられなかったのだ。

しかし、やるしかない。

「やってみることだ。自分流にやれるだけやれ」

そう言い聞かせた。

永松は、なぜか人に信頼された。売り込みのついでに子供の勉強を見てやったり、雨漏りの修理、買い物の手伝いなど、自分ができることに顔をそむけなかった。そしておもむろに「エリーの試供品です。よかったら召し上がってみてください」とすすめる。

そう言われれば、奥さんたちもつい手を伸ばしてしまう。結果は思うより悪くはなかった。

それでもやはり、宅配の新規開拓は難しかった。販売本数が一定以上は伸びないのだ。

志はわしと同じだ

ある日、日ごろの元気がなく、落ち込んだ様子の永松を見て、正垣が話しかけてきた。

「君がよく頑張ってくれているのは皆から聞いている。わしも初めからそう睨んでおったよ」

眼鏡の奥の目が優しかった。

それから、初めて聞く正垣の話が始まった。


正垣は明治七（一八七四）年、兵庫県生野に生まれた。生まれつき胃腸病を抱えた虚弱体質だった。それで幼少から健康に関心が強く、医師になりたいと思っていた。京都のある医師のもとで勉強し、そこで助手をしていた女性と結婚して上京、私学医療専門学校の済生学舎（現・日本医科大学の前身）に入学した。

だが、東京での生活は苦しかった。夫人が学生相手の下宿屋を開き、夜も学生街までおでんの屋台を引いて行き、帰りは正垣が迎えに行って一緒に屋台を引いて帰った。血のにじむような学資稼ぎと勉学により、正垣は済生学舎を卒業した。ところがその直後、不運にも父親が急逝。医師の道を断念して家業の精錬所を継いだという。

それでも虚弱体質を治したいと医学書で独学する中で、エリー・メチニコフの乳酸菌療法に出合い、実際に試してみて、自分の体質を改善できたのだそうだ。

つぶやくようにそう語る正垣の目には、蛍雪の苦学を思い起こしたのか、時折、光るものがあった。

「わしは、今やっていることは、国民の健康を増進させる国家的事業とさえ思っている」

こう言い切った正垣に、永松も全く同感だった。永松も幼少時は虚弱体質だったことが、三高を経て将来は医師になりたいという願望につながったのだ。

正垣が国家的事業だと意気込んだのには、十分裏付けがあった。研生学会の設立には、正垣がそれまで共同研究してきた京都帝国大学微生物学部長の木村廉教授、同大学農学部の近藤金助教授ら、そうそうたるメンバーが加わっていたからだ。

正垣は続けた。

「相手から賛同を得るには、なぜ乳酸菌が体にいいのか、人間の寿命と食べ物の関係、腸内の腐敗を防ぐ乳酸菌の働きなど、エリーの効能について、まず自分がよく理解することだ。まず効能書きを丸暗記しなさい」

さらに続けて、

「君も一時は医師を目指したというではないか。志はわしと同じだよ。一緒に国家的事業をやろう」

そう言って正垣は、永松の肩をポンとたたいた。

そして正垣は永松に一か月の休暇を命じ、別府の温泉宿を紹介したのだった。一種の慰労休暇であるが、本音は、課題を与えて永松の根性を確認してみたいと思ったのだ。

教材が与えられた。腸内細菌の種類と働き、とりわけ乳酸菌がなぜ体にいいのか、どういった食べ物を摂ると健康によいか。また正垣が絶賛するエリー・メチニコフの『不老長寿論』や、メチニコフのノーベル賞受賞の理由である白血球や免疫の機能なども学ぶことになった。この知識の集積が、のちに永松が独立するうえでの基礎になったのである。

変貌を遂げた永松

一か月後、別府から帰った永松はすっかり変わっていた。

痩せこけていたほほに肉がつき、顔に生気が戻っていた。加えて、積極性と雄弁さが、永松の身につけた豊富な知識と知恵を物語った。

「オー、どうだったか。少し勉強はできたかな。じゃあ、一つ試してみるか」

永松の元気な顔を見た正垣の第一声だった。

早速、社員の研修会を兼ねて社員全員が一室に集められた。永松は皆の前に立った。

「じゃあ聞く。乳酸菌を客相手にわかりやすく説明しなさい」

と正垣が質した。

「はい、わかりました。私たちは物を食べますと、消化されてそのかすが腸にたまります。大腸の中にはいろんな細菌が住んでいます。そもそもその細菌を世界で最初に見つけたのが、フランスの化学者パスツールです。そしてその細菌の中に、病気を引き起こす菌がいることを見つけたのが、ドイツの細菌学者のコッホです」

永松は、できるだけ相手が興味を引くようにと、いろんな関連を含めて説明した。

「大腸にたまった食べかすは、病気を起こす悪い働きの菌によって時々腐敗してしまい、自家中毒を起こすのです。ところがこの自家中毒を防いでくれるのが乳酸菌なのです」

永松は、勉強したメチニコフのヨーグルト『不老長寿論』の理論に入っていく。

「昔、ノーベル賞の生理学・医学賞をとったロシアの微生物学者エリー・メチニコフという人がいました。彼は腸内腐敗や自家中毒を防ぐのが乳酸菌の働きであると、世界で初めて発表したのです。その証拠に、乳酸菌を発酵させたヨーグルトを食べるブルガリアの人たちに長寿者が多いことをあげています。乳酸菌は老化を抑えながら、私たちを健康長寿に導いてくれるのです」

そこで正垣が質問した。

「それでは、どんな乳酸菌でも摂取さえすれば、健康になれるんだね」

「いいえ、そうではありません。乳酸菌自体は自然界に広く生息しており、また多くの種類があります。食品の中にもあれば、もともと私たちの体内にもいます。しかし、菌が生きた状態で大腸まで届いて腐敗を防ぐ働きをしてくれるのは、ヨーグルトに含まれる乳酸菌だけなのです。商品にエリーという名前をつけた理由もそこからきております」

永松のよどみないわかりやすい説明に、正垣は顔をほころばせた。

さらに続けて永松は、

「メチニコフが見つけた菌は、ブルガリア菌ではなく、別のアシドフィルス菌ではないかと異論が出ましたが、乳酸菌の働きそのものについては、全く正しかったのです。ついでに彼は、体の免疫によって防御できるのは、体にある白血球が体に侵入した細菌を食べるからだということを発見して、ノーベル賞を取った立派な人です。私たちがエリーを飲んで腸内をきれいにすることも、一種の免疫を高めるのではないかと、私は思っております」

永松は「少し自信過多かな」と自戒しながら続けた。

正垣は、さらにエリーと牛乳やほかの乳酸菌飲料との違い、食べ物と栄養の関係、栄養と病気など、いくつかの質問をした。いずれも、永松は間髪入れずに答えていった。

「うん、思った通りの男だ」

永松の答弁ぶりに、正垣はこの時、ある思いを深くしていた。

給料を返上

京都に戻った永松は、率先して売り込みに出て行った。

まず身だしなみ。食品を売るのだから、清潔さと簡素さを心がけねばならない。相手に言葉をはっきりと簡潔に伝える。相手によって対応の違いはあっても、決して押し売りはしない。主婦、学校、病院、会社、工場、商店街、各種営業所、団体などなど——。売り込みのポイントを、その場の状況に合わせる臨機応変さと気配り。要は買う立場になって、自分流の「健康づくり」を、一人でも多くの人に理解してもらうことだ。

永松のやり方は、物を売り込むのではなく、「病気を防ぐ健康な体」について共感してもらうことにあった。


一年ほどたった。

永松はセールスの範囲をもっと広げようと考えた。このままではマンネリだ。そのためには、この京都から抜け出すことだ。土地が変われば気風も違うだろう。商圏が広がって、さらに多くの新しい人たちに興味や関心を抱いてもらえる。健康意識が高まって売上が増えれば、会社にも貢献できる。さらに自分の喧伝意欲がいっそう高まってくる。

思い切って正垣に相談した。

「実は社長、自分には初めての大阪で、販路拡大に挑戦してみようと思います」

「何か不満でもあるのかね。それともほかに考えでも」

「はい。おかげさまで、私も一通り以上のことを教えていただきました。不満などあろうはずもございません。むしろ今の自分は安住しきって、社長に恩返しもできずに最近少したるんでいないかと思っています」

「うーむ。それで?」

そこで永松は、一呼吸すると、正垣が思いもしなかった提案を持ち出した。

「はい。この際、頂いている給料を返上したいと思うのです。い、いえ、もちろん無報酬というわけではなく、歩合制と申しますか、新しい契約一本当たり五十銭のマージンをいただきたいと考えます」

何とも唐突で、かつて誰からも聞いたことのない提案だった。

正垣は、思わず永松の顔を見ると、

「何だって。そうか」

——やはり待遇や給料に不満があったのか。

正垣は頭を抱え込んでしまった。

「いやあ、社長。誤解しないでください。金が欲しいからではないのです。どれだけ自分が頑張ってやれるものか、それで生活していけるのか、一度試してみたいのです。全く新しいところで、能力の限界まで挑戦してみようと思いました」

正垣は、目をかけてきた人物だけに、この新しい試みに力を貸すことに異存がなかった。

大阪には、すでに十数軒のエリー販売店ができていた。正垣の息子が店主の店もあり、結局正垣は息子の店を永松に紹介した。昭和七（一九三二）年のことである。

京都で宣伝と売り込みを始めた当時は方言丸出しの恥ずかしさがあったが、あれからすでに五年。別府での特訓の効果もあって、人前で臆することはなくなり、京都弁と違ってはじけるような大阪弁は性分に合ったのか、すぐに慣れた。今や恐れるものは何もなかった。ただ固定給がないだけに、安穏にしていることはできなかった。

この当時、米一升が五十銭くらいだったから、一本の手数料としては割がよかった。しかも永松は仕事一筋で遊ぶ暇もないから、次第に金がたまってきた。

だがこの時、頑強だった永松を突然病魔が襲った。恒常的な頭痛、めまい、発熱、食欲不振が続き、放置していたら目が痛み、視力が減退、胸の痛みと咳がやまない。誰もが当時不治の病とされた結核を心配した。幸いに過労からくる全身疲労と、もともと弱い目を酷使したことが原因とわかった。しかし、体力回復まで約半年間の静養を余儀なくされてしまった。

そして、この療養に要した期間は、永松に改めて今後の身の振り方を真剣に考える機会となった。

疲弊する農村

永松が静養中の昭和八（一九三三）年三月三日未明、宮城県沖の海底でマグニチュード八・一という巨大地震が発生し、高さ二八・七メートルもの大津波が三陸海岸を襲った。被害は死者三〇〇八人、行方不明一一八四人、流失倒壊家屋約七〇〇〇戸、流出船舶七三〇三隻に上った。不幸なことに三陸は、三十七年前の明治二十九（一八九六）年六月にも、これを上回る二万七〇〇〇人以上の死者を出す大津波に襲われていた。

翌九年の九月には、永松が住む関西も大災害に見舞われた。高知県室戸岬に上陸した台風が、最大瞬間風速六〇メートルという有史以来最大規模となって日本列島をほぼ縦走したのだ。関西を中心に四国、北陸などに、死者・行方不明者三二四六人、約四万戸の家屋が流出する被害が出た。永松が知っている営業所や従業員家族たちも被災した。大阪の小学校では合わせて約七〇〇人に上る児童・教師が倒壊した校舎の下敷きで死亡、京都では一つの小学校で約五〇〇人の児童が倒壊校舎の下敷きになった。

こうした相次ぐ大きな自然の猛威が、交通や生産などライフラインを寸断し、莫大な農水産物被害で農漁村を疲弊させた。学校を流された児童らは友人を失い、日常生活すべてを破壊されてしまった。

農産物の基地でもあった東北地方は、この地震の後に冷害が追い打ちをかけて、筆舌に尽くしがたい大凶作となっていた。借金を重ねて自殺したり、行方不明、娘の身売りなど、事件・事故の話が各地で聞かれた。

昭和四年の満州事変後、同八年に国際連盟を脱退した日本に広がる戦雲はさらに拡大し、本来なら国内の災害復旧に当たるはずの働き盛りが、次々と戦場へ駆り立てられていく現実。

このころ衝撃のニュースが永松の胸を突き刺した。「貰い子殺人事件」である。

自分で育てるのが難しいわが子に、いくらかの養育費を付けてもらってもらう、いわゆる「貰い子」。何らかの事情で母子暮らしになったが生活が苦しい。不倫による幼い子や父親不明の子供を抱えていては、世間体もあり、仕事にも出られない。そんな母心に目をつけて、犯人は幼子を引き取ったうえで、金を懐にすると次々に子供を殺害したのだ。五年で二十五人もの悲劇だった。これは東京の事件だったが、同じ手口の犯行は以前から全国各地で発生していた。

こうした世情を吹き飛ばすかのように、永松の枕元のラジオから、人気絶頂の横山エンタツ・花菱アチャコのコンビの〝しゃべくり漫才〟が流れていた。

ある日、つけっぱなしのラジオから伝えられた意外なニュースが、永松の気を滅入らせてしまった。

「文部省は、学校に弁当を持ってこられない欠食児童が二十万人以上もいると発表しました」

そもそも医師を目指した自分は、「食の安定供給と健康体の保持」を使命として邁進してきたはずではなかったか。

働き手を戦争に取られ、残された女性や子供を支えるのは俺たちの使命だ。早く次の行動を起こそう。乳酸菌飲料を普及させ、母子の健康増進策を何とかせならん。一から仕切り直しだ。

この時、永松の胸の内に初めて独立心がむらむらと湧き起こってきた。衣食住すべてにわたって今、自分にできることからやろう。戦争が家族を引き裂き、残された家族を不安や不幸が襲っている。幼少時に養子となった自分には、肉親の情の温かさが人一倍わかる。まずは食を安定させ、健康を維持し、子弟に教育を受けさせ、家族同士がお互いに助け合う社会でありたい。

この療養期間に、のちに永松がヤクルト本社を創業した際に、社員を「同志」と呼び、「大家族主義による結束」を呼びかけた理念が、すでに培われていたのである。

永松は再び、正垣社長と会って包み隠さず本心を打ち明ける決心をした。

一方、正垣は、会社への貢献度が高く一目も二目も置いた永松に将来を託したいと、本気で考えていた。

病気で余命を自覚していた正垣は、

「永松君。もうわしは長くはないのだ。わしの後をぜひ引き継いでくれんか」

と、本音を吐露したのだった。

正垣は続けた。

「ここは言ってみれば、わしの信用だけでやっているような会社だ。わしが死ねば、すぐにつぶれてしまうだろう。君だけが頼りなのだ」

しかし永松は、

「身に余るお話ですが、今は自分の力で日本人の健康づくりをやってみようと思っています」

と心境を訴えた。永松の独立の意思はもはや覆らなかったのである。

「生意気ですが、与えられただけでは人並みに過ぎません。独立して微力ながら将来の新しい食品開発につなげたいと考えます。国民の健康増進は国家的事業だと、いつか先生もおっしゃいました。自分もまったく同じ考えです。その考えを貫けるよう、自分なりに頑張ります」

それが独立する本音であり、正垣に対する恩返しになるとも思っていた。

決断すると、永松はエリーで一番仲のよかった神谷龍之介を誘って、九州に帰ったのである。

川筋男・尾崎寅之助

永松の母ナツは、遠賀郡若松町（現・北九州市若松区）の安田橋二郎に嫁いだが、そのあとナツの妹チヨが嫁いだのも若松で、相手は石炭商の尾崎寅之助である。

北九州地域は、関ヶ原の戦いの論功で豊前国を与えられた細川忠興が企救郡小倉の地に城を築き、小倉藩の初代藩主となったことから発展する。

政府は明治三十四（一九〇一）年二月、軍備増強、鉄鋼需要の増大に備えて、北九州の遠賀郡八幡町（建設当初は八幡村、現・北九州市八幡東区）に、初めての官営八幡製鐵所を建設した。安くて広大な敷地と、水陸の交通の便と、筑豊の豊富な石炭量、さらに強力な地元の受け入れ態勢が決め手になった。

これ以降、八幡の鉄、筑豊の石炭によって、城下町小倉を中心にした一帯は、近隣の戸畑、門司（この五市が昭和三十八年に合併して北九州市誕生）にまで繁栄をもたらしていった。

その後、官営八幡製鐵所は、国の軍事的な需要拡大と大量生産を理由に、昭和九（一九三四）年一月に、民間のいくつかの製鉄業者と「大合同」されて、巨大企業・日本製鐵（現・新日鐵住金）となった。北九州の地は日本を代表する一大工業地帯としてさらに拡大した。

とりわけ石炭の集積地、積出港である若松では、洞海湾に面して炭鉱経営者、石炭商、海運業、財閥関連企業、銀行などが多く立ち並び、洋風建築や大豪邸があちこちでみられた。街中には演劇場、映画館、料亭、遊興街がひしめき、夜の帳《とばり》が下りると芸者衆の嬌声があふれる活況であった。

ナツとチヨの生活は活気あふれる若松で、はた目には裕福に映った。お互いの家も比較的近かった。しかし、チヨは子供に恵まれず、養女・政子を迎えて三人暮らしだった。

尾崎寅之助は、石炭景気に沸く若松の中にあっても、早くから一本気でやり手の若手衆として注目されていた。

石炭商は数が多く、地元のボスや政財界の顔役などとの人脈が物を言った。当然のように切った張ったの刃傷沙汰も後を絶たない。反面で度胸と義理人情の世界だ。また、石炭のヤマをめぐる鉱業権は、利権がらみで次々と所有者が代わった。中小の地元資本は、三井、三菱、住友などの中央大手に買収されたり、傘下に入ったりした。

そのころ、若くして川艜の船頭となり、荷役に絡むけんかやもめ事を仲裁して力をつけ、仁侠の世界で九州一とも関西一ともいわれた大親分・吉田磯吉（一八六七－一九三六年）がいた。新興都市として活況を見せる若松だけに、荷役労働者、手配師、請負師、用心棒などが各地から大量に流入してきた。その結果、当然それぞれの仕事に縄張りが生じる。それまではいくつかの親分子分の仲間関係で一定の秩序のようなものがあったが、その親分までもが抗争に敗れて流入勢力の軍門に下ることもあった。

吉田は石炭の鉄道輸送が始まると、将来を見越して身を固め、姉の援助で若松に小料理屋を開いた。もめ事をいちばん嫌うのは住民や既存の商売人だ。吉田は船頭時代の仲裁の経験を買われて、市民から調停役を請われたのだった。それに、わずか七、八人の子分では姉たちの心配も無理からぬことだった。また、ほかの顔役や組織にすれば「新参者に何ができる」と反発しかない。

吉田に反目する地元の急先鋒との最初の争いでは、相手は七、八十人であった。

「自分だけが生き残るわけにいかん」

と立ち上がる吉田に、

「ここはわしらに任せて、店を守ってくれ」

と、駆け出す子分にたしなめられた。

石炭輸送でにぎわった当時の若松港（「若松昔今
── 若松信用金庫創業60周年記念」より）

吉田は白鉢巻き、腹にさらしを巻き、長ドス姿で一人自分の店で仁王立ちになり、襲撃に備えた。勝負には勝ったものの、警察が捜査を始めた。市民は「磯吉さんに迷惑がかかる」と、皆口を閉ざした。

こうした吉田の話は、またたく間に県外の仁侠の世界にも伝わった。そしてお互いに親交を結び、吉田の人脈を広げていった。しかし吉田の真価は、このあと憲政会の代議士時代に見せた労働争議など各種紛争の調停にある。

ちなみに、吉田の長男・敬太郎は、若松バプテスト教会牧師だった昭和二十六年四月から若松市長を三期務め、同三十八年の北九州市五市合併時には職務執行者（市長代理）となった。

寅之助はそうした荒波の中で、巧みに身を処した成功者の一人である。若松港に近い東新町（現・本町一丁目）の一等地に、大きな屋敷を構えていた。

チヨは、わが子を抱けぬ苦悩と夫への呵責の念から、政子

に精一杯の愛情を注いだ。

またナツは、子供のいない宇佐の実家・永松家から跡取りとして養子縁組を懇願されて、二男の昇とは八歳で別れている。そのうえ、夫を亡くし、ほかの三人の子供をいずれも幼少時に病気で失っている。その寂しさは、女として言い知れぬ苦しみでもあった。

姉妹はしばしば行き来して、お互いの胸の内や郷里を思いやり、語り合った。姉妹二人、嫁ぎ先の地で、せめてこうして労り合えるのは、妹たちの幸せを毎朝祈った、兄・雄太郎の宇佐八幡への厚い信奉の加護であったのかもしれない。

ナツは、昇の動向については雄太郎から聞いていた。宇佐中学から三高受験に失敗したあと、健康飲料を売っているらしいこと、大阪で病に伏したことも気がかりだった。

寅之助はそうした事情がすべてよくわかっていた。しかし、今は自分の後継者をどうするかが当面の悩みである。養女の政子に良縁を願わざるを得ない。二人いた従兄弟との縁談が

尾崎石炭商があった若松の場所

頭をよぎったものの、政子と一緒にさせるほどの度量を二人には期待できなかった。それとは反対に、日増しに強く浮かんでくる男が一人いた。永松であった。

永松を幼少時から知っている寅之助には、どうしても失せない熱い想いが募る。永松に見る心意気、川筋気質《かたぎ》である。

「昇は子供のころしかこっちにいなかったが、さすがにいい根性持ちに育った。あれが俺の息子だったらなあ」

寅之助自身が人情味に厚い川筋男として、街では知られていた。尾崎商店にはいつも艀《はしけ》や曳《ひき》船《ぶね》の親方、県外の港から来た石炭運搬船船長、船内用雑貨業者など、多業種の人たちが出入りし、交流の場になっていた。

川筋気質とは、遠賀川沿いのこの地方一帯の男意気をさす表現である。「竹を割ったような」「度胸の据わった」「決断力がある」「義理と人情にたけた」といった性格をいう。曲がったことを嫌った。俗にいう「弱きを助け、強きをくじく」気風に近い。

吉田磯吉がまさにそうだった。その葬儀も盛大なもので、自宅から葬儀場に向かう葬列は約二〇〇〇人。芸妓、少年団、婦人会などの団体まで参列し、これを沿道から約五万人が見送った。

若松には吉田と同年配で、一石炭商から、のちにいくつかの炭鉱経営まで手掛けた佐藤慶太郎（一八六八―一九四〇年）もいる。佐藤は大正十五（一九二六）年五月に開館した東京府美術館（現・東京都美術館）の建設資金一〇〇万円（今日換算で三十億円以上）をポンと寄贈したり、余生は全財産を医療、福祉、文化、教育などに提供して蟄居した。典型的な川筋気質の持ち主である。

いとこ同士の結婚

永松は、京都から大阪の販売店に移り、療養中は独立するための構想を描いていた。ようやく療養生活から解放されたころ、叔母チヨから縁談をもちかけられた。なんと相手はチヨと尾崎寅之助の養女・政子だった。もちかけられたといっても、相手は実の母の妹の養女だから、政子と永松はいわば従妹関係で、幼なじみでもあった。

跡取りに悩み続けた寅之助だったが、思い込んだら決断は早い。

「俺の目にかなう者は、昇しかおらん」

永松に嫁取りの話が耳に入った時には、すでに関係者、身内の話はまとまっていたのである。

「政子と一緒になるんなら、わしはよかたい」

寅之助は、永松が政子と一緒になる話を受け入れたと聞くや、その喜びようは半端ではなかった。

「祝言までにこの家をやり替えにゃならん。大事な婿を迎えるんでな」と言い出して、木曾から天然ヒノキを何十本も伐り出して、若松まで運ばせた。日本庭園には池を配して、屋敷の屋根瓦一枚一枚に、抱《だ》き柊《ひいらぎ》の家紋が入った大豪邸が完成した。

ただ一つ、寅之助がつけた注文があった。跡取り問題である。自分には養女の政子以外は子供がない。政子が結婚後初めて生んだ子供は、尾崎家が引き取るというのだ。

祝言は昭和九（一九三四）年、新築の大広間で盛大に行われた。永松は結婚後、その豪邸で暮らすことになった。そして最初に生まれたのは女の子だった。寅之助は、次に生まれた長男と二人とも、養子にした。

＊**不老長寿論**　原題は〝Études optimistes sur vieillesse, longévité,et mort naturelle〟（老化・長寿・自然死に関する楽観論者のエチュード）。日本では『不老長寿論』として（中瀬古六郎訳、大日本文明協会事務所、一九一九年）として初めて翻訳出版。『長寿の科学的研究』（平野威馬雄訳、科学主義工業社、一九四二年）や、これを改題した『長寿の研究――楽観論者のエッセイ』（平野威馬雄訳、日本ビフィズス菌センター復刊編集責任、幸書房、二〇〇六年）の翻訳出版がある。

而立

ヤクルト時代

ヤクルト研究所設立

福岡市西部を流れて博多湾に注ぐ小さな川、菰川《こもがわ》。夜明けの薄暗さの中、その河口付近の河川敷にある一軒の家に数人が出入りして忙しそうだ。

福岡市浪人町（現・福岡市中央区唐人町）にある古い民家である。外壁に横書きでハイカラに「ＹＡＫＵＬＴ」と描いてある。内に入ると玄関入り口には「ヤクルト研究所」と、こちらは縦書きの小さな表札が掛かっている。

永松昇が、昭和十（一九三五）年四月に立ち上げた乳酸菌飲料の製造所である。商号を「ヤクルト研究所」とした。「ヤクルト」という名称について永松は「エスペラント語でヨーグルトのことをいうんだよ」と、その名前のいわれを従業員に説明した。

開業を前にして永松は「今から俺たちが日本人の健康づくりをしていく」。そう言って、これから時代の先端を行く事業に取り組む気合と展望を語って聞かせた。

この地が、紆余曲折を経て、国内最大の乳酸菌飲料会社へ発展するヤクルト創業の地である。この建物は郊外の広い空き家で、知人から紹介された。静かな環境と隣県への足場もよいと気に入った。

ヤクルト創業地跡
菰川（左）は護岸整備され、両岸域が埋め立て造成によって住宅地に変貌した。車道の右側が創業地付近で、奥の建物の向こうは博多湾

独立するうえでもっとも重要になるのが種菌である。これにはエリー時代に培った人脈が役立った。当初は面識があった京都帝国大学医学部の木村廉教授に提供を依頼したが、都合で同大学農学部の近藤金助教授の種菌を使わせてもらうことができた。

独立した製造所では、原料の牛乳に砂糖を加えて加熱殺菌する一石釜（約一八〇リットル）、これをのせる大きな竈、冷却に使う四斗樽（約七二リットル）、種菌を一定温度に保ちながら三日間かけて培養するガラス容器、販売用に小分けする瓶など、必要なものすべて永松が工夫した手づくりだった。

何もかもが無からの立ち上げだけに、資金はそれなりにかかったが、エリー時代に貯めた金が少しはあった。幸いだったのは、前年に結婚した妻・政子の実家である北九州の尾崎商店から、資金五〇〇円を借用できたことだ。経営者・尾崎寅之助の助力は、これ以降も永松のさまざまな難局を支えていくが、尾崎家にとっては結果的に没落への道だったともいえる。

強力な味方・シロタ株

事業を始めてから数か月して、京都帝国大学医学部微生物学教室の代田稔《しろたみのる》から永松に連絡があった。

「永松さん、実は予定していた木村教授の菌を使えなくなったので、代わりに私の菌を送るよ」

と言うのだ。

代田は、五年前に乳酸菌シロタ株の培養に世界で初めて成功した、気鋭の学者だ。後年、永松が退陣した直後のヤクルト本社の社長である。

代田は明治三十二（一八九九）年、長野県下伊那郡竜丘村（現・飯田市）に生まれた。実家は和紙問屋や養蚕業などを営み裕福だった。旧制飯田中学校（現・飯田高校）から旧制第二高等学校（現・東北大学）に進み、大正十（一九二一）年、京都帝国大学の医学部に進学した。

大学では清野謙次教授の微生物学教室で研究を続けた。取り組んだのはエリー・メチニコフがその効用を説いて世界の研究者にアピールした乳酸菌についてだった。

だが、その後の研究で、メチニコフが推奨したヨーグルトに含まれた乳酸菌は、ブルガリア菌であることがわかった。ブルガリア菌は腸内で生きながらえることはできない。したがってその効能に期待はできない。腸によい働きをする別の菌があるはずだ。それを突き止めるのが代田ら研究者にとって、当面の大きな目標だった。

代田は微生物の研究室に入ったころ、ヨーグルト「エリー」を製造販売した正垣角太郎とも交流があった。正垣が大正十四年、京都帝国大学の研究仲間たちと立ち上げた「研生学会」の研究スタッフに、微生物学教室の助手だった代田も加わっていた。

若い永松は、研生学会の従業員としてエリーの製造に当たりながら、種菌の受け取りや連絡役として大学研究室にも頻繁に出入りしていた。この時に代田とも顔見知りになった。

ある時、代田は、

「君、医学部への進学をあきらめたんだってね」

と永松に声をかけた。

「はい、三高の入試に失敗したうえに、目を悪くしましたので、残念ですが医師は無理だと思いました」

「そうだったかね。細菌や酵母の研究も楽しいので、少し手伝いをしてもらえないかなと思ったんだがね」

代田は、折り目正しい永松の性格は研究室に向いていると、日ごろから感じていた。しかし視力の減退は、顕微鏡をのぞくには難があった。

同じ研究室で相見えることにはならなかったが、この時以来、二人はより親しく交流を続けた。

日本に牛乳が伝わったのは、六世紀ごろで朝鮮半島からだと言われている。しかし日本にはまだ牧畜という文化がなく、牛乳やヤギ乳は飲まれても、これを原料にした加工製品などはあまり発達しなかった。

一方で、味噌、醤油、漬物、納豆、酒類などといった発酵食品は、日本人の長年の生活の知恵から生まれた素晴らしい伝統的食品ばかりである。このように昔から優れた発酵技術を持つ日本だが、まだ長生きする人は少なかった。

代田が正垣たちと研究を始めたころの平均寿命は、厚生省の統計（大正十一十四年）によると、男四十二・〇六歳、女四十三・二〇歳である。「人生五十年」の時代にもなっていない。もっともこの統計は、大正七年秋から同十年春にかけて大流行したスペイン風邪による死者約三十八万八〇〇〇人と、大正十二年九月一日の関東大震災による死者約十万五〇〇〇人という想定外の人口減の要素は当然、考慮しなければならないが。

衛生状態、栄養状態などで、結核や赤痢、疫痢、コレラなどの伝染病、さらに食中毒などにより、とりわけ乳幼児の死亡率が高かったのが実情だ。

代田は「微生物が多くの病気の原因になるが、逆に体の役に立っている微生物もある」として、「その役立つ微生物である乳酸菌を使って病気を抑え込もう」と、予防医学について一徹した信念を持っていたのだ。

そしてついに昭和五（一九三〇）年、代田は人の腸内で生きたまま良い働きをする乳酸菌の培養に成功、ラクトバチルス・アシドフィルス・シロタ株と命名された。その後の研究で、ラクトバチルス属のアシドフィルス菌でなくカゼイ菌とわかり、ラクトバチルス・カゼイ・シロタ株（乳酸菌シロタ株）に改めた。

永松は代田からの菌提供の電話に、小躍りして喜んだ。

「エッ。本当ですか。そんな大事な種菌をいただけるのですか」

「ああ、君が独立すると聞いたので、前から少しでも手伝いたいと思っていたんです。幸いにも、いい菌が見つかりましたしね」

「代田先生が応援してくれるとは、もう夢のようです」

永松は、これから心配なく乳酸菌を供給してもらえ、しかもまだ誰も使ったことのない種菌で新製品を作ることができる喜びに興奮していた。代田にとっても自分の新株が普及し、持論である「予防医学の健康法」を実践できる。お互いの思惑が一致して、二人の関係は以後のヤクルト発展の両輪になったのである。

夢の実現へ

エリーで一緒に働いた仲間が永松の独立を伝え聞き、次々に支援に加わってきた。すると会社組織、事業運営、事業計画、効率性、利益分配などの制度をきちんと整備する必要が出てくる。特に乳酸菌飲料の中でも、代田が開発した世界初の「シロタ株」を全面的に打ち出して、ほかの飲料製品と差別化した特長を宣伝する必要がある。

創業から七か月後の十一月、永松は従業員と協議のうえで、商号を「ヤクルト研究所」から匿名組合「代田保護菌研究所」に変更した。「代田」の名をあえて掲げたのは、代田への永松流の感謝の気持ちからであった。匿名組合とは出資者へ営業利益を配分する組織形態で、資本金五万円で新たなスタートを切った。これにも岳父・尾崎の支援があった。

スタート時のヤクルトは、七二〇ミリリットル瓶を使い、これに濃厚原液を入れてコルクで栓をし、「YAKULT」のシールを貼った。原液なので七倍ほどに薄めて飲むように勧めた。宅配家庭ネットワークを広げ、学校、会社、工場、商店、行政出先機関など、大口需要を見込めるところに精力的に売り込んだ。しかし、思い通りに普及できず、永松は巨額の赤字を抱え込んでしまった。

毎朝、牛乳はかなりの一般家庭に配達されていた。牛乳は一本（一八〇ミリリットル）八銭で、ヤクルトは一本（七二〇ミリリットル）二円七十銭。ヤクルトの量は四倍だが、実際は約七、八倍に希釈して飲むから、牛乳一本当たりの量と比較すれば、値段的には安いはずだ。

宅配の牛乳さえ、まだぜいたく品だという世間の空気はあった。

――乳酸菌飲料の効果をいくら説いても、わかってもらえない。新商品に消費者の目を向けさせたり、一般家庭の牛乳をヤクルトに切り替えさせたりするには、どんな手があるのか。模索する中でまず浮かんだのは、牛乳と同じように毎朝の戸別宅配に主力を注ぐことだった。エリー時代も毎朝届けて新鮮なうちに飲んでもらっていた。普及させるには薄めて飲むという面倒なひと手間を省いて、もっと小瓶化して、すぐ飲めるように工夫しなくてはならない。

そこで、牛乳と同じ一八〇ミリリットル瓶にし、原液三〇ミリリットルを一五〇ミリリットルの水で薄めた。値段は牛乳より安く一本五銭にした。

従業員は小瓶への詰め込みが終わると、手分けして一人一〇〇－一五〇本を自転車に積んで、宅配先を増やして回るとともに、道端に投げ捨てられた空瓶を回収する毎日を繰り返した。永松も主に学校や事業所などの大口先へ、大量に載せたリヤカーを自転車で引っ張った。「健康飲料として生徒に飲ませたい」という小中学校が出てきた時には、「健康のため」という導入動機に、永松は思わず目頭が熱くなった。

次第に販売範囲も拡大していった。すでに小倉市（現・北九州市）を拠点に北九州地域での販売強化をしていたが、さらに東へ進めて、山口県下関、宇部などにも進出した。こうなると、各地に営業所や配達の中継所が必要になってきた。

販売先が福岡市内から遠方地域になるにつれて、濃縮液自体を送り込んで現地で希釈して販売するという方法も取り入れた。いわゆる配給所とされるもので、七二〇ミリリットル入りだけでは少なすぎるので、一八リットルの濃縮原液を入れた大型缶を製造して、馬車で一括して博多駅まで運び、ここから列車便で熊本、宮崎、広島などの配給所へ送る方法にした。

一八〇ミリリットルという小瓶化による戸別配達方式は、各地で販路拡大に功を奏していき、売れ行きが伸びてきた。そうなると、どうしても類似品が各地に出回る。商標権の侵害対策として、永松は、昭和十三（一九三八）年四月、自分たちの商品に「エル・ヤクルト」と命名して、神谷と二人の共同名義で商標登録をした。「エル」は、「乳酸菌の生菌を使用」することから「生《なま》」の英語表記「ＬＩＶＥ」の頭文字からとった。ほかの商品との違いを明示したのだ。

この名前には、もう一つ重要な意味があった。

この登録をする前年に、永松と神谷の師匠であったエリーの正垣角太郎が六十三歳で死去し、エリーは解散した。生前、正垣が永松に言った通りになった。かつて正垣から後継を懇願されながら断った永松であったが、エリーに対する深い思い入れと、正垣への心服の念を疎かにしたことは、一日たりともなかった。

正垣社長はいつまでも心の中に生きている（LIVING）。そのエルである。

永松は神谷に言った。

「俺は以前、正垣社長から一緒に国家的事業をやろうと言われて、その実現を約束した。社長が果たせなかったその夢を、俺たちの手で実現するんだ」

二人が飛躍を期した命名でもあった。

代田研究所を本部に

永松がヤクルトを創業した昭和十（一九三五）年前後の日本を振り返ってみる。

第一次世界大戦後の不況が長引き、いまだに昭和恐慌といわれる巷で、藤山一郎の「酒は涙か溜息か」が人々の心をつかんで大ヒットしたのが昭和六年。この年、日本の関東軍は九月十八日、自ら南満州鉄道を爆破しながら中国軍の侵攻だとして軍事行動を開始。満州事変である。これをきっかけに終わりのない戦争へ突入した。

翌七年五月、海軍青年将校たちが「問答無用」と犬養毅首相を射殺（五・一五事件）、八年三月には日本は国際連盟に脱退を通告した。十一年、青年将校らのクーデター二・二六事件が起こり、十二年七月七日、盧溝橋事件でついに日中戦争へ拡大した。政治を牛耳った軍部の翼賛体制は、戦局を悪化させる一方だった。

昭和十二年九月、近衛内閣は「挙国一致」「堅忍持久」「消費節約」をうたって、国民の生活すべてにわたり国が統制関与できる「国家総動員」の体制へ向かった。十四年十月一日から、まず主食の米と麦の配給制度が始まり、翌年からは味噌、醬油、砂糖などが軒並み配給制になった。

エル・ヤクルトの製造にとって、砂糖の欠乏は最悪の事態である。

永松はやむを得ず、無糖の原液生産を取り入れて、同十五年十一月「生菌エル・ヤクルト」の新しい商標登録を行った。これまで生産してきた加糖原液「エル・ヤクルト」との違いを、はっきりと消費者に伝えないといけないとの思いからだ。「生菌」名を入れるかどうかだけの違いだが、物事の筋道を通す彼の性格そのものである。

これによって、希釈販売所である配給所に送られる原液は、加糖と無糖の二種類になり、受け取った配給所によっては、そこで独自に三〇ミリリットルや一五ミリリットルなどに小瓶化して節約販売したが、中には希釈濃度がまちまちになり、薄い濃度の製品が出回ることもあった。これを聞いたり、目撃したりした永松は、烈火のごとく怒った。

「何をやっとるんじゃあ。そりゃあ水じゃないか。俺たちが何を売っとるのかわかっとるんか。そこまで薄めて儲けようとか思うなよ。いいか、絶対に水を売るんじゃない」

希釈すればするほど、本数は増えても乳酸菌の数が減ってしまう。「健康のため」という販売の原点が全く失われ、そのうえこれまで培ってきた信用まで失うからだ。

一方で永松は、長崎県大村市にサツマイモからブドウ糖を作る工場を二十万円で買収するなどの手も打ち、苦労を続けていた。

将来設計や事業展開を考えると、福岡市浪人町の製造所は手狭なうえに、思いのほか製品の輸送や原料の確保などにも不便だった。

永松は移転を真剣に検討していた。販路を山口県方面に広げていくための拠点として、下関市安岡に設けた連絡事務所があり、そこの家主はヤクルトの原料である牛乳を供給してくれていた。その家主が、永松が下関に工場用地を探していると知って「うちの牧場の隣に材木商の木材置き場があって、相当に広いから相談してみませんか」ともちかけてくれた。

山陰本線の安岡駅に近い海水浴場のそばで、用地規模や製品輸送の面から永松も以前から目をつけていた場所だった。地主の協力を得て、この地を本格的な製造工場用地として購入した。

永松が下関を選んだ理由はほかにもあった。

隣県の広島県呉市には、呉海軍工廠があった。当時日本一、いや東洋一とうたわれた規模の海軍基地である。艦船の造船部、造兵部、製鋼部、魚雷実験部、工員養成所など十四部、五実験部などがあり、約十万人の軍関係者が働いていた。さらに、その関連企業、家族などを入れれば、その何倍かの人数を計算できる。

永松は、これだけの規模を商圏に取り込みたいと考えたのだ。

二年後の昭和十六年一月、新工場が完成。名称を「代田保護菌研究所下関工場」とした。約六〇〇〇坪の広さがあり、事務、工場、研究、倉庫など各棟に分かれていた。初めての本格的な工場である。これまでと比べると、諸機能の効率性と連携性はもちろん、商品運搬などでの交通上の利便性など、すべての面で思った以上の相乗効果が出てきた。

ひと月後、永松は福岡の主力部門をすべて下関に移し、福岡は下関工場の一部工程作業を担う分工場かつ配給所として機能させた。つまり本部を下関に移したわけである。匿名組合「代田保護菌研究所」も下関に移転し、「代田研究所」に改称した。同時に工場名を「代田研究所下関工場」として再スタートした。

「代田」を強調した改称は、代田に対する永松の深い配慮をうかがわせる。

製造と販売分離で販路拡大

この新工場の建設に先だって、永松は販売部門の強化策を検討していた。

これについて『ヤクルト75年史』によると、山口県宇部市の薬種問屋「伊藤回生堂」の経営者・伊藤真一らが出資して、昭和十四（一九三九）年九月、宇部市海岸通り一丁目（現・宇部市昭和町）に資本金六万円で「株式会社代田保護菌普及会」（以下「普及会」）を設立した。伊藤は薬種商の傍らで、ヤクルトの配給所も経営していた。普及会の社長に伊藤真一、永松は専務になった。これは永松が福岡でヤクルトを創業して以来、初めて登記された法人組織である。

普及会がヤクルトの「発売元」としての機能を持つのは画期的なことであった。代田保護菌研究所が製造して、普及会が販売するという、製造と販売の機能分担による会社の拡大を狙ったわけである。

配給所の経営を希望する人は、製造元の代田保護菌研究所に「販売権利金」、「既存得意先譲り受け対価」、「取引保証金」、「契約保証金」を払うことで、営業権を得て開業できる。そして配給所で濃縮原液を希釈処理して、小瓶に詰めて販売する段取りだ。普及会は、各地に普及会支部を置いて、その地区の配給所を指導・支援する。

例えば普及会員は、そのエリアで新しく乳酸菌事業に参入したい人が出れば、指導したり、新たな販売市場を開拓したりする。「営利目的だけの事業ではなく、乳酸菌による健康法を社会に広める」のが狙いだった。この普及会の活躍が、それからのヤクルトの飛躍的といってもよい発展につながるのだ。

永松は福岡市浪人町に創業したころから、従業員教育に熱心に取り組んだ。ほとんどが住込みの従業員だったから、夜は座学を行った。

「この飲み物は、飲んでただおいしいのではない。飲んで体のためになるんだ。わしは京都で勉強してきた。何人もの偉い学者さんたちが研究した結果、この乳酸菌飲料というのが、人の腸内でどんなにいい働きをするかがわかってきた」

そう話す永松は、かつて自分も医師を目指しながら断念せざるを得なかったこと、京都でエリーという商品の製造を体験し、その経営者・正垣角太郎の信念に触れたこと、これからの時代は健康こそが身を守ることなどを話して聞かせた。

「今使っている乳酸菌は、シロタ株といって京都帝国大学の代田先生が世界で初めて発見したものだ。今度の俺たちの商売のために、特別に譲ってくれたのだ。それほど貴重なものだから、一人でも多くの人に健康になってもらわねばならん」

「理解してもらうまで、きちんと説明する信念を持ってやろう」

福岡と同様に下関でも乳酸菌の知識や販売方法、顧客の心をつかむテクニックなど、熱のこもった座学が続いた。

普及会の活動は、まさに福岡版座学を再現したような姿だった。毎週土曜日の午後になると、永松不在の時にはほかの幹部が講師になって研究会を開いた。従業員全員が参加した。泊まり込みで普及員を養成して、「乳酸菌による健康法」を口コミで広めていくことも行われた。

「声が小さーい。もっと腹から声を出すんだ」

「もう一回最初からやり直し」

時には、叱咤に継ぐ叱咤、幹部の罵声が飛び交う真剣な研修は、のちにヤクルト本社設立後も「錬成道場」「正親寮」などとして引き継がれた。

原材料の枯渇

砂糖の欠乏だけでなく、昭和十五（一九四〇）年からは、いよいよ最重要原料の牛乳まで統制されて、これまでになく確保が難しくなっていた。

そこに全く意表を突いた原料が登場したのである。蚕蛹《さんよう》だ。文字通り蚕《カイコ》の蛹《サナギ》である。これも永松の発案だった。

カイコのサナギは、中国や朝鮮半島ではたんぱく源として、古くから食用になっていた。一方、日本では、明治以降から養蚕業が盛んに行われ、サナギをくるんだ繭から作る生糸や絹製品が、日本の重要な輸出品となって、外貨を稼いでいた。養蚕のピーク時には、日本の四割もの農家で行われていたほどである。

「朝鮮では日ごろからサナギを食うとると聞くが、カイコのタンパク質を利用できんもんかのう」

タンパク質の供給源として、昔からカイコの食用利用を聞いていた永松が、奇想天外な着想を呟いたのが発端だった。蚕蛹に含まれるタンパク質液を牛乳の代わりにしようというわけだ。蚕糸試験場などいろんな関係方面に相談したところ、どうにかやれそうだということになった。

「ともかくやってみよう」

さっそく工場内には、蚕蛹からの抽出液を入れた桶がいくつも置かれた。ただ、異臭の対応策までは永松も考えなかった。

誰かの通報だったのだろう。ある日、山口県警察衛生課からクレームがついた。

「貴様ら、こんな臭いものを食用にするつもりか。けしからん。不潔であり、直ちに廃棄せよ」

しかし、そこは抜け目のないというか、何事も臨機応変に対処してきた永松である。食用としての根拠については、すでに手を打ってあった。伝手を頼って、専門家の東京帝国大学の小柳達夫助教授に「サナギタンパク質」についての学問的な裏付け分析を依頼し、十分な結論を得ていたのだ。

その結果はもちろん、牛乳に代わる原料として立派に証明された。そのうえ、この分析結果をもとに、二年後の昭和十八年一月には「栄養料兼整腸剤ノ製造法」という特許まで取ったのだ（特許第一五四五四三号）。つまり、カイコのサナギを使ってヤクルトを生産することにお墨付きを与えられたというわけである。この特許申請に当たっては、製品分析などに走り回った神谷龍之介の功績をたたえ、神谷名で出願、特許を取得させたのだった。

軍部に食い込む

昭和十六（一九四一）年十二月八日、日本軍はマレー半島に上陸、ハワイ真珠湾を奇襲して太平洋戦争が始まった。

「ぜいたくは敵だ」

巷では、割烹着にタスキ姿の大日本国防婦人会や在郷軍人会といった諸団体が、プラカードを掲げて街頭で声を枯らして訴える。軍人会支部の活動家が他人の家庭までのぞき込んで干渉する。そんな時代である。ヤクルトの原材料はさらに枯渇していった。

それでも永松は、人から愛される性格だった。修行中に正垣社長から「お前は実によく人の面倒をみる」と言われた。ガサツなようで繊細、大胆なようで緻密、豪快さと思いやりは、中学時代に育まれた親分的な資質の反映だろうか。併せて人は許してもおのれに厳しい正邪の心、天性の発想と、難局でも絶やさぬユーモアを持ち合わせていた。

彼は多方面にわたる独自の人脈を持ち、この耐乏時代でさえ特別なルートで少しばかりの原材料は手に入れることができた。

「強力活生保護菌液」

「殺菌、整腸、栄養」

「銃後の保健に　先づヤクルト！」

ヤクルト小瓶に貼られたラベルに、こうしたキャッチフレーズでアピールして、あくまでも「病気にならない健康づくり」を消費者に推奨し続けていた。

しかしながら国内のあらゆる物資が不足している時期、ヤクルトでは空腹を満たせず、一般の消費者の手はなかなか伸びない。そんな中で、軍部、とりわけ海軍が興味を持ち、次第に大量に買い上げるようになったのである。

潜水艦などでの遠洋航海の際、閉じ込められた船内生活では、新鮮な野菜類や生ものが不足するうえ、栄養が偏ってしまい、健康管理が難しい。とりわけ国民病とされていた脚気対策が必須であった。そこに目を付けて、永松は下関工場の設立当初から、隣県広島の呉海軍工廠に狙いをつけて売り込んでいた。

ヤクルトは、乳酸菌の働きで腸内状態を改善したり、ビタミンなどの栄養補給にもなったりする。海軍工廠や海軍病院などの関連機関にも需要が広がっていった。もちろん陸軍とて、戦地の食糧事情は同じようなもので、ヤクルトを大量に購入した。

こうした陸海軍のヤクルトへの傾注ぶりに、一時は厚生省から「食料品ではなく、医薬品として販売すべきだ」と、クレームが出たほどであった。それは国がヤクルトの栄養的な価値を認めた、とも受け止められる。

また、『ヤクルト75年史』には「福岡県では、一九四〇（昭和一五）年、県令により赤痢の予防のためにアイスクリームやキャンデーに『ヤクルト』を混入して製造することが義務づけられるまでになった（七月二六日付「通牒紹会」商第三七五六号）」と記されている。

こうして各地に広がった販売量は、下関工場ができたころには、「二五ミリリットル瓶換算で、年間販売本数約一九二〇万本、売上げ総額三六〇〇万円」にも上っていたのである。

だが、このころ大きな難題が一つ持ち上がった。

倒産の危機

昭和十七（一九四二）年のことである。ある日突然、熊本県八代警察署の経済保安課から呼び出しがあった。

「お前のところは国税を払っておらんぞ。物品税を知っておるのか。非国民である」

永松には、寝耳に水だった。

「何のことですか」

国は軍事費増大により、早くからラムネやサイダーなどの清涼飲料水に対する課税を検討してきたが、業界の猛反対で見送られていた。ところが大正十五（一九二六）年一月公布、同四月施行という強行策で、清涼飲料税を断行してしまった。しかし、この段階で乳酸菌飲料のヤクルトは、まだ課税対象外だった。

さらに、昭和十二（一九三七）年に日中戦争が勃発すると、国はさらなる軍事費調達のために、十四年四月、物品税法を戦時立法として施行してしまったのだった。これによって牛乳や乳製品を原料とした飲料、果汁、コーヒーなどの「嗜好飲料」にまで課税の網を広げたのである。課税額は、製造積み出し価格のなんと一〇％だった。

知らずに操業を続けてきた永松であったが、徴収滞納額は年間売上にも匹敵するほどの巨額であった。さらに「滞納額をまとめて払え」とは、いくらなんでも唐突で、しかも高圧的である。これでは倒産してしまう。

これを聞いた匿名組合や普及会の出資者たちの間には、大きな動揺が広がった。

「このまま会社がつぶれては元も子もない。今のうちに出資金を返してくれ」

「貯金だと思って出資しただけだ。もう手を引きたい」

社の存続を心配して、こんな要求があちこちから湧き出てきたのも、やむを得なかった。

永松は、ヤクルト出資者の一人でもあった岳父の尾崎寅之助に相談した。

「経営者として失格でした。申し訳ありません。物品税が実際に課税されるかどうかについては、まだ交渉の余地があります。しかし出資者の中にはすぐに金を返せと息巻く者もたくさん出ています。なんとか応じてやりたいとです。どげんでしょうか」

永松以上に男気のある寅之助は、目をつぶり両腕を組んでだまったまま聞くと、両手を膝に立てて言った。

「そんなら、よか。その連中の株ば、俺が購うてやろうたい」

結局、匿名組合と普及会を合わせた出資者の約八割の株を買い取ったのだった。まさに川筋男である。

その後の国側との課税論争では、軍部と強いパイプを持つ永松の粘り強い説得によって、大蔵省側が折れて課税を断念した。

永松が軍部との強い絆を持った理由の一つは、別府で細々とながらも航空機部品の製作所を営んでいたからである。この製作所はヤクルトの製造・販売面で、不足している働き手の確保も兼ねていたのだ。

しかしながら、戦争による影響は、永松たちをいよいよ苦境に追い込んでいった。

空襲による作業場などの荒廃、原材料の入手難、販売網の寸断、若い労働力も全く足らない。食糧難に追い詰められた国民は、買い出しのため近隣の農村や漁村に殺到し、買い出し列車は、まさに命がけの混乱状態だった。

折も折、物資を調達できない国が、あろうことか今度はなんと蚕蛹にまで統制をかけてきたのだ。昭和十七年一月に国策会社として設立した「蚕糸利用開発株式会社」を通じて、永松らの特許まで取り上げて国が代わって製造しようというわけだ。

「こりゃあ体のいい乗っ取りじゃないか」

さすがに人のいい永松も怒り心頭である。

新工場を建てたばかりの永松ら製造部門だけでなく、新しい会社組織で販路の拡大を図ってきた普及会にとっても、まさに存亡の危機だった。

だが、これまでも不撓《ふとう》の精神で数々の難局を潜り抜けてきた永松である。ここでへこたれるわけにはいかない。苦渋の決断をした。

自分たちがサナギを使って今やっている「栄養料兼整腸剤ノ製造法」という特許を、国策会社「蚕糸利用開発会社」に譲って国難に協力する。その代わりに、代田研究所下関工場がこの国策会社の下請け工場として生産を続ける、というものだった。

もちろん製品は国策会社に納入するわけであるが、これで会社の存続という命題は潜り抜けることができた。

一方、戦局は太平洋戦争開戦から半年になる昭和十七年六月五日、ハワイ島北西に位置し、米軍の太平洋戦略拠点であるミッドウェー島の攻防戦で、日本軍は航空母艦四隻（赤城、加賀、蒼龍、飛龍）を失うなどの壊滅的な敗北を喫した。開戦後、東南アジアで快進撃を続けてきた日本は、この戦いで戦況を大きく後退させることになった。

翌十八年二月には、アメリカとオーストラリア間の補給路を断つために、飛行場を建設中だったソロモン諸島のガダルカナル島から撤退した。二万人を超える戦死者を出しながら守り切れなかった。同四月、山本五十六連合艦隊司令長官戦死、アリューシャン列島のアッツ島で日本軍玉砕と、敗戦へと加速していた。

そうした中、東条英機首相は兵力確保のために、大学や高等学校に在学する二十歳以上の学生に兵役を課した。同年十月二十一日、東京の明治神宮外苑陸上競技場で第一回壮行会が行われ、東条首相、家族友人ら約六万五〇〇〇人が拍手と歓声で見送った。この時の出陣学徒の人数は明らかにされなかった。同年十一月には兵役法が改正されて、国民の兵役年齢が四十歳から四十五歳まで延長された。

この年、永松にも召集令状が届いた。郷里の宇佐八幡駅（宇佐神宮の参宮駅として開業、現在は廃止されて同神宮の駐車場となっている）の駅頭には、多数の見送り人が押し寄せて、小旗を振った。その中で、永松は数人の出征兵を代表して力強く決意を述べた。

ところが、なぜか数日すると永松だけが帰ってきた。地元では、永松と軍部との強いつながりがうわさされた。

外貨稼ぎ

昭和二十（一九四五）年八月十五日、終戦――。

日本がポツダム宣言を受諾して太平洋戦争は終わった。国策会社化されていた蚕糸利用開発株式会社の製造・販売権は代田研究所に戻された。

しかし、戦禍は大きい。長崎県大村のブドウ糖工場は空襲で壊滅、ほかの原料も全く手に入らなくなった。熊本の製造工場や各地の販売所も破壊された。それでもどうにか自分たちの手に戻った下関工場だ。早く再開したいと、永松の仲間たちは徐々に結集。こうなると先立つものは再開資金である。

資金づくりの一つとして、永松が戦時中に別府で経営していた航空機の部品製作会社を衣替えし、機械類を改造して日本ビーズ工業として再発足させた。別府特産の竹製品や竹ビーズなどを使った工芸品の製造販売を始めたのである。ハンドバッグ、カーテン、敷物などの高級品から、小物入れ、各種の日常雑貨品まで、和の技術を生かした産品だ。

一時は急成長を見せて、下請け関連の従業員を含めると数千人もの女性が働いた。これは、一つには職を失ったヤクルト従業員や家族らを採用するためと、もう一つ、戦争未亡人となった人たちの、苦しい家計を手助けする内職にもなったのである。

需要は主にアメリカ向けの輸出で、日本の物産会社を通して、当時世界的な小売業者のシアーズ・ローバックや、ハンドバック販売会社などと取引を持った。シアーズ・ローバックはカタログを使った通信販売で知られ、商品を海外からも輸入していた。これを斡旋してくれたのは知人のCIC（アメリカ陸軍防諜部隊）の大尉だった。

戦争には負けたが、今度は「戦勝国から外貨を稼ごう」という政府の方針に、永松は大いに賛同したわけで、この商売は戦後の混迷期にあって堅調に業績を伸ばし、一時期はヤクルトの復興資金づくりの中核となった。

さらに、永松にはもう一つ外貨稼ぎの奥の手があった。

これまで何かと困難な目に遭うと必ず力になってくれた岳父・尾崎寅之助は、昭和十七年に他界した。寅之助の妻チヨと、若松の豪邸で一緒に生活していた永松一家七人の合わせて八人は、翌十八年、チヨの実家である大分県宇佐の永松雄太郎家に移り住んだ。ここは永松の養子先でもある。永松自身は仕事に没頭して、ほとんど宇佐に帰宅することはなかった。

――若松に残した豪邸をどうするか。

永松は思い切ってこれを売却することに決めた。資金難にあえぐヤクルトの経営立て直しのためでもあったが、彼にはちょっとした考えがあった。

終戦間もない八月二十八日、連合軍の先遣隊が神奈川県厚木飛行場に入った。いわゆる進駐軍の第一陣である。国民にとっては経験のない、連合国軍最高司令官総司令部（ＧＨＱ）による〝占領政策〟が始まった。

日本人が最も憂慮したのは治安問題であった。

このころ、日本政府がＧＨＱに提出した「米軍事故件数報告書」がある。それには最初の強姦事件があった八月三十日から九月八日までの十日間だけで、一二二六件もの「事故」が報告された。この「事故」の中に、どれだけ強姦事件があったかは定かではない。

だが、こうした事態が起こることを事前に予測していた内務省は、対応策として警視庁を通じて八月二十三日に「ＲＡＡ（レクリエーション・アンド・アミューズメント・アソシエーション）」という進駐軍向けの慰安施設協会を業者に設立させた。目的は、「関東地区駐屯軍将校並びに一般兵士の慰安施設」を確保することである。

事業の内容は、
一　食堂部（西洋料理、日本料理、中国料理など）
一　キャバレー部（カフェー、ダンスホールなど）
一　慰安部（芸妓、酌婦、ダンサーなど）
一　遊戯部（ビリヤード、ゴルフ、テニスなど）
一　特殊施設部（温泉、ホテル、遊覧など）
一　芸能部（映画、音楽）
一　物産部
などと実にきめ細やかで、慰安・娯楽施設に、敗戦国なりに最大限に気を遣ったわけである。

ところが、「セックス処理の慰安所」というレッテルを貼られて、実際に、性風俗の乱れや性病の蔓延など、これまでの日本人の風俗、風習を攪乱させる事態を招いてしまった。ＲＡＡ

はわずか七か月後の昭和二十一年三月、占領軍自身の方針で閉鎖された。

一方、戦後初めて知ったアメリカの風俗、文化、音楽などは、抑圧された戦時下にあった日本人大衆にとっては、この上ない新鮮な娯楽となった。とりわけ社交ダンスは一種のブームを呼んで、各所にダンス教習所が開設され、国内各地に新しいダンスホールやキャバレーが誕生した。外国人へのアレルギーがあるので、日本人専用のキャバレーも急増し、進駐軍専用の店と住み分けるなど活況を見せた。

永松はこれを利用した。若松の岳父の土地、屋敷を売り払った金で、銀座・数寄屋橋近くのビルを所有し、二階に進駐軍専用のキャバレー「シルクローズ」を開設した。一階には、別府で生産したビーズ製品のギャラリー販売店もオープンした。

それもこれも外貨稼ぎの一策であった。

広島で救護被爆

永松には、他人にあまり公言していなかったことがある。ここで触れておきたい。後年、それが自らの命を縮めることになった。

昭和二十（一九四五）年八月六日、永松は、朝早くに宇佐の自宅を立って事業協力者の一人を訪ねて、列車で広島に向かっていた。しばらくすると早くも真夏の太陽が照りつけ始め、気温はぐんぐん高くなっていった。

「こりゃぁ、今日も暑くなるぞ」

そう思いながら、午前八時十五分――。

あと一駅で広島駅に到着という時、瞬間周囲は真っ暗闇に包まれ、列車は急停車した。数キロ先の広島市上空で、人類史上初めての原爆が投下されたのだった。

アメリカのB29爆撃機・エノラ・ゲイによって投下された原爆による爆風と熱線と放射線は、市内を壊滅した。二、三十分後には、上空を覆った真っ黒い雲から、地上から巻き上げた粉じんと放射線物質を含んだ黒い雨が降り続けた。これを浴びた人々もまた同様に、被爆者となった。

投下された原子爆弾は、地上およそ五七〇メートル前後のところで音もなく青白い閃光とともに炸裂した。投下された原子爆弾の主体はウラン二三五であり、そのエネルギーはTNT火薬に換算して、およそ二万トンであった。

爆心には、突如直径一五〇メートルに及ぶ人工の太陽ができ、中心の温度は摂氏九〇〇〇度、気圧は数十万気圧に達した。強い熱線と爆風と放射線が拡がった。(略)爆心地は、

瞬間的に摂氏三〇〇〇～四〇〇〇度にもなり、（略）

（志水清編『原爆爆心地』日本放送出版協会刊）

爆心地から二キロ以内では、着ていた衣服類が燃え、爆心地の最大爆風圧は一平方メートあたり三五トン、最大風速は秒速四四〇メートル、三キロ以内でも秒速三〇メートルに達し、二・三キロ以内の木造家屋は倒壊、二七キロ以内は窓ガラスが破損した。黒い雨が、爆心地の上空で長径二九キロ、短径一五キロの楕円形の範囲内に降り注いだ。

当時の広島市の人口は約三十五万人、爆心地から二キロ以内だけでも被災者は二十四万三〇〇〇人以上、このうち昭和二十年末までの死者は約十四万人と推定されている。

幸いにも外傷としては軽微だった永松は「これはアメリカが開発しとると聞いとった新型爆弾じゃないか」と、とっさに思った。

それからどうやって国鉄の広島駅に向かったのか、よく覚えていない。

駅長室に飛び込み大声で叫んだ。

「駅長、これは新型爆弾だろう？　えらい被害やで」

この時の広島駅の被害状況を、のちに克明に検証した「ヒロシマ新聞」に見る。

爆風とともに、広島駅では木造待合室の上屋が転落、鉄筋造りの本館も屋根が吹き飛んだ。プラットホームの屋根、運転室、事務室も一部を除いて崩壊した。（略）

列車待ちや出迎えの市民がいた待合室では、ほとんどの人が転落した上屋の下敷きになった。あちこちで助けを求める声が続き、職員や駆け付けた救援隊員らが負傷者を救出しようとしたが、はかどらなかった。午前十時ごろ、周辺から火の手が押し寄せ、待合室にも延焼。やむなく救出活動は中断、職員らはぼう然とした表情で、燃えさかる炎を見ていたという。本館にも飛び火した火災は、正午前までに運転室などほとんどの建物を焼き尽くした。

当時、駅にいた職員九百二十六人のうち十一人が死亡、重傷五十人、中軽傷は百五十一人に上った。屋外にいたほとんどの人が熱線を受けて火傷、屋内にいた人は爆風や落下物で打撲しているのが特徴。けが人は客車一両に乗せ、海田市方面に走って、医師の手当てを受けさせた。市民の被害についてはほとんどつかめておらず、全焼した待合室には百人近い市民が取り残されたのではないか、という情報もある。

こうした状況下でも、三日後には山陽本線の九州方面への下り線が復旧した。原爆投下直後から救護の手伝いに駆け回った永松は、数日して宇佐に帰った。

衆議院議員選挙に立候補

「熱いしのう、毎日裸で作業しとったでぇ」

外傷は軽かったものの、鼻や歯から出血が止まらず、高熱、吐き気、腹痛、下痢が続いた。

「ああ、しんどい、しんどーい」

あれだけ頑健だった男も、さすがに家族に弱音を吐いた。放射能による急性障害が全身に現れていたのである。

半年間ほど、ほとんど寝たきりの状態が続いた。いったん症状は回復の兆しを見せたが、この被爆が生涯にわたって永松を苦しめる。

永松は、終戦という大きな転換期を迎えて、少し考えるところがあった。馬車馬のごとく走り続けた後の虚無感とでもいうのか。あるいは被爆による虚脱感かもしれない。

「いったい、この国はどうなってしまうのやろう」

大分県は、大分、宇佐、佐伯に海軍航空基地や航空廠を構えていた。このために、昭和二十（一九四五）年三月から八月の終戦直前まで、県内は八十五回もの集中的な空襲を受けた。これによる県下の死者は四八五人、焼失や破壊民家は約六五〇〇戸に上った。

戦後、日本をミスリードしたとして、政財界、団体、公職者たちは、中央、地方を問わずにGHQにより次々と職場から追放された。また、戦後大改革の一つとして、衆議院議員選挙法の改正も行われた。昭和二十年十二月、選挙法を改正し、女性に初めて参政権が与えられた。選挙権や被選挙権は、これまでよりも五歳下がって二十歳以上の男女すべてが投票できることとなった。

その改正後、初の選挙が、翌二十一年四月十日に行われた。

永松は、多くの要職にあった人たちが公職を追放されたことで、別府の竹製品づくりの生産者たちから、立候補を要請された。永松が以前、別府で航空機の部品製作会社を営んでいたころからのつながりだ。

このころ、別府に竹製品商工連盟が組織されている。昭和十年ごろには、別府の竹製品生産業者は五〇〇人を超え、年間約一〇〇万円も売り上げる特産品になっていた。それが戦時中は国から高級品の生産を中止させられ、追いつめられてしまった。別府の業界では、再びかつての活況を取り戻そうという熱気になったのだ。

まだ原爆症による体調不安が続き、ヤクルト再建の見通しが全く立てられない状況にあって、永松は「それどころではない」というのが本音だった。要請に対して、自分では「まさか」という気持ちだったが、何度も足を運ばれて頭を下げられると、断れないのも永松の身上である。

とうとうその気になってしまった。

「これからしばらくは進駐軍の政治が続くだろう。聞くところでは、日本中に四十万人を超える進駐軍が俺たちを治めておるというじゃないか。時代は変わってしもうた。別府の昔からの地場産業をこれからも守り続けて育成するためには、自分ら若いもんの出番じゃろかのう」

三十七歳での決断だった。

支援団体の大分経済同志会が設立されて、立候補した。定数七人の大選挙区（全県一区）に四十九人が届け出た。だが、被爆の症状未だ癒えぬ身に鞭打ってしても、十分な運動はできるはずもなく、結果は完敗だった。

銀座で一目置かれた永松

衆院選後、永松は別府で日本ビーズを立ち上げて、順調に商売を伸ばしていった。国内消費よりも輸出狙いだから、拡販の手を打たねばならない。そのためにはまず東京であった。

竹はアジア東部以外では、アフリカと南アメリカには多かったが、北アメリカや特にヨーロッパには少ない。しかも日本の伝統的加工技術や美的感性の作品は、外国人にも非常に興味を持たれた。進駐軍やその家族などを相手に、国内販売も期待できる。販路を拡大するには今は東京、それも銀座以外にないと考えた。そこで永松は、銀座に購入したビルの一階に、販売ギャラリーを開設したのだった。

銀座は、江戸幕府の銀貨鋳造所跡から来た名称で、明治以降の国威発揚と欧米文明の積極的な移入で、その発展、振興ぶりは国内に知らない人がないくらいだった。

ところが、大正十二（一九二三）年九月の関東大震災によって、築き上げたモダンなレンガ造り建築も何もかもが瓦礫と化した。ようやく復興を果たしたら、今度は第二次世界大戦の相手国、とりわけアメリカが首都機能を根底から抹殺すべく東京を破壊し尽くした。

第二次世界大戦中、昭和十九（一九四四）年十一月から終戦の同二十年八月まで、東京には一〇六回もの空襲が行われた。その東京一極攻撃の回数を見ただけでも、異常ぶりがわかる。

なかでも昭和二十年三月十日の午前零時過ぎから約二時間半にも及んだ無差別爆撃は「東京大空襲」と呼ばれ、酸鼻を極めた。マリアナ諸島を発したB29爆撃機約三〇〇機が、約四〇平方キロを火の海とし、焼失家屋約二十七万戸、罹災者一〇〇万人以上、死者は十万人を超えた。空爆は通常、軍事的拠点や基幹工場などを対象に行われるが、これは明らかに一般住民を狙った意図的なものであった。

そんな銀座一帯でも、復興の動きが始まっていた。

日本を占領したＧＨＱは、焼け残った銀座の端に建つ第一生命保険本社ビルに本部を置いた。昔の城下町が城の周りに商人や住民が集まったように、日本の行政機関や諸外国の企業や関連団体などの出先事務所、商業施設なども、ＧＨＱを中心にして広がっていった。

日本ビーズの出先ギャラリーを銀座に出した永松は、東京に足を運ぶ機会が増えた。

そんな昭和二十五年四月のある日、列車で上京中に、名古屋から乗車してきた田中美穂青年と知り合った。田中はのちにヤクルト本社設立などに係わり、永松を支え、自らも独自のクロレラ事業を興した人物の一人である。

「私は日本人の健康社会づくりのために、走り回っている。福岡で立ち上げた乳酸菌飲料のヤクルトは、体に絶対にいいものだ。戦争で中断したが、これから同志を結束して再開したい」

「それが軌道に乗ったら、まだほとんど知られていないが、とっておきのクロレラという画期的な食品開発も頭の中にあるんだ。食糧不足を解決し、将来は世界的な食品企業に育てたいよ」

敗戦から立ち上がりつつあるこの時代に、意欲的な展望を持つ永松とのやり取りに、若い田中はすっかり感銘を受けた。この時の田中は、警察官を結核のために辞め、療養を経て、次の仕事を真剣に求めていた。

永松が受けた原爆による放射線傷害は原爆症とされるが、症状は全身に及び、人によって様々な現れ方をする。がん、白血病、甲状腺機能の低下、全身性疲労など、忘れたころに発病し、死に至ることもある。永松は疲れやすくなり、よく内臓の調子が悪くなった。

銀座にはこの当時、武見太郎が教文館ビル内に診療所を開設していた。武見は、昭和三十二年から十三期、二十五年間にわたって日本医師会会長を務めた。硬骨漢であり、昭和五年、慶應大学医学部を卒業し医局に入ったが、教授と合わずに、同十三年に理化学研究所に入って、放射線の影響について研究した。その傍ら開いた診療所であった。

なぜか永松とは気が合い、永松の原爆による体調異変をいつも気遣ってくれた。

日本の保険診療に反対だった武見は、この当時から治療代は患者が決めるという主義で、「弱者を救済する医師」としても知られていた。逆に傲慢な政治家や高圧的な役人の顔を見るのが大嫌いで、診療には応じなかった。そのへんが、永松の信念と触れ合うものがあったのだろう。

一方、このころの銀座では、復員軍人や定職のない人たち、大学や専門学校などの不良学生たちが「愚連隊」と呼ばれるグループを作った。正業に就けない中で、盗み、博打、ダフ屋など喧嘩や暴力行為が後を絶たず、世間を騒がせる対立、抗争にもつながった。

こうした仲間は戦前から浅草では結成されていたが、戦後の特徴は、戦勝国を鼻にかけて、日本人に敵対意識をむき出しにする不良外国人が幅を利かせていたことだ。中には、日本の警察ですら危険で踏み込めないという事案も多かった。

これに対抗して、日本人の露天商や飲食店などを守るという意識から、「警察に代わって俺たちが解決してやる」という正義感に燃え「銀座警察」と称して犯罪阻止に立ち向かう愚連隊もあった。彼らは日本人には危害を加えることはなく、逆に歓迎されたのである。

そんな中には、遠方の故郷に帰りたいが汽車賃がないとか、緊急の入用があるがどうしても都合がつかないなど、差し迫っていても当てすらない若者が多くいた。永松は、日ごろの付き合いの中で、気軽にこうした若者の相談に乗っていた。返してもらえないことを承知で、小金を渡していたことも数知れない。いぶかる知人に永松はよくこう言った。

「俺がそいつの立場なら、『すまん、助かる』と思う。それだけのことたい」

永松が時々、銀座に出てくると、遠くから「オーイ。親ぶーん」そう言って、派手なチェック柄のスーツを決めた若者らが、窓を開けて車の中から永松に手を振ることもあった。そんな中にはのちに名を成した映画俳優の若き姿もあった。

銀座での商売の方も、初めは順調に進んでいた。

倒産と上京

病身のままに、ヤクルト再建へ東奔西走した永松の資金づくりは、それなりに少しずつ実を結んできた。しかしながら、肝心の原材料が十分な量確保できずに、生産がなかなか軌道に乗らない。

昭和二十三（一九四八）年十月、代田研究所下関工場は事実上閉鎖された。従業員たちへの退職金や普及会出資者への清算などには、永松と尾崎寅之助が以前、買い上げて所有していたヤクルトの株を充てるなどして工面した。

だが、不運は続いた。

太平洋戦争の終結で、日本の支配下にあった朝鮮半島はこの年、大韓民国（韓国）と朝鮮民主主義人民共和国（北朝鮮）という二つの国家として独立した。

その二年後の一九五〇年六月、北朝鮮軍の南下策によって朝鮮戦争が勃発した。北朝鮮には中国、ソ連が支援、韓国には国連軍に加えて、在日アメリカ軍が参戦した。この戦争は一九五三年七月に休戦協定が結ばれるまで続いた。

この間、アメリカ軍から求められる軍需物資などの特需景気の恩恵を受けたところもあった。

しかし、日本の平均的な国民にとっては、この戦争特需はほとんど影響がなかった。

永松の日本ビーズ工業製品は、アメリカ国内から見れば贅沢品であり、浪費抑制、戦費調達のうえから、朝鮮戦争の時期にアメリカのキャンセルが相次いだ。そのうえ、日本からの輸入税を一割以上も値上げしただけでなく、製品単価も一ドル当たり一〇セントの値下げを強行したのだった。

当時、日本の貿易輸出入の中心は神戸港だった。大分県輸出産業振興会の斡旋で、永松は神戸に新たな店舗を持って東南アジアやヨーロッパ向け貿易に再起をかけた。これは、日本の南洋（東南アジア）貿易の開拓者とされた貿易商・佐藤徳十郎の勧めが大きかった。

佐藤は戦前から南洋貿易を手広く行って財を成したが、「我利でためた金を、自己のみに使うはむしろ社会を害し、他人の迷惑だ」と語る金銭哲学の持ち主で、同産業振興会に一年ほど手伝いに来ていた。

佐藤はいろいろな逸話を持つ。自宅を建てたが塀や垣根を設けない。「なぜ」と問われると、「家族だけで庭を楽しむのは個人主義、利己主義だ」という。幼子を連れたみすぼらしい男が玄関口に現れて、見ず知らずの佐藤に汽車賃を無心したことがあった。佐藤は妻に飯を炊かせて二人に存分に食べさせると、残りを竹の皮に包んで旅費と一緒に持たせた。

南洋市場への輸出については「わが国益にとどまらず、他国より良質で廉価な日本の商品を提供することは、外国の圧政下に苦しむ南洋住民の幸福につながる」との持論を述べた。

正垣角太郎と交わした約束の国家的事業を目指す永松は、佐藤の英知と決断力にかけてみたのだった。だが永松のこの計画は、結局軌道に乗らなかった。

さらに極め付けは、別府のビーズ工業が、よりによってこの時期（昭和二十五年）に火事を起こして焼失してしまったことだ。ヤクルトへの資金支援という大きな目的を掲げ、最盛期には数千人を抱えて業績を上げたビーズ工業であったが、これを機に倒産した。

永松は、大きな打撃を受けた。

ここでも永松は、全財産を投げ打って、下請けを含めた従業員の給与を支給し、債務を返済している。

悲運は重なるもので、これと前後して東京・銀座の「シルクローズ」も延焼に見舞われてしまった。この時に永松は、のちに〝キャバレー太郎〟の異名で呼ばれ、キャバレーを全国展開した福富太郎（本名中村勇志智）の世話になっている。

こうして外貨稼ぎは、いずれも廃業せざるを得なくなった。天運尽きてしまったのである。

永松は本格的に東京に腰を落ち着かせることを決めた。

初のフランチャイズ方式

永松は「憎めない男」だった。いや「憎まれない男」といった方が正確だろう。敵を作らない。したがって交友も幅広い。「人から頼られる男」でもあった。

ヤクルト下関工場の生産を休業し、ほかの資産も焼失した永松は、昭和二十七（一九五二）年、妻子を宇佐に残して上京した。その時、東京で支えてくれた一人が、永松を「憎めない男」と思う一人、堀久作だった。のちに映画界で日活の黄金時代を築くが、この当時は日活社長に就いてまだ二、三年のころである。

堀は永松より十歳年長で、大倉高等商業学校（現・東京経済大学）卒業後、炭鉱会社などを経て、東京瓦斯（現・東京ガス）常務・松方乙彦（元総理大臣・松方正義の息子）の秘書となって以降、頭角を現した。北九州にも勤務しており、永松とも面識があった。

永松は、堀の世話で有楽町にあった日活国際会館内の国際実業という外資導入会社の設立に加わった。戦前は政府が外債を発行して外資導入を図ったが、戦後は民間が積極的に外国資本を導入して復興資金に充てるようになった。永松はそこにチャンスを見いだそうとしたのだ。

この永松の上京は、下関工場の再開のためであったが、これを知った各地に散在した個人ヤクルト事業者たちは、「待ってました」とばかりに歓迎した。これが永松を軸に結集して、全国統一ブランドとしてのヤクルト本社の設立を急がせることにつながっていったのである。

永松が国際実業で再開資金づくりに奔走するころ、九州や関西地域では各地に多くのヤクルト類似品が出回っていた。また東京や京都などでも、別の新しい乳酸菌飲料会社が出てきていた。

「うちは、ヤクルトに製造権利代をちゃんと支払ってやっているんだ」

「あそこでは勝手な製造菌を使っている。こっちがヤクルトの本流だ」

などと張り合って、事業者間のトラブルにもなっていた。永松の耳にもそうした情報が入っていた。

もともと永松がヤクルトの商標権を持つので、勝手にヤクルト名義では販売できないはずで、かつて製造・販売に関わった権利者から、永松に苦情や再開を求める声が殺到していた。

「戦後のどさくさに紛れて、皆好き勝手やっている」

「永松さんに早く現場に戻ってもらい、ちゃんと調整してまとめてもらうしかない」

永松は、国際実業が営業不振となり、昭和二十九年に閉鎖されると、早速ヤクルト再建に本格的に取りかかった。

同年八月、永松の呼びかけで旧権利者など関係者は、何度か東京の品川ホテルに集まった。

昭和十年に創業して以来、お互いに「国民の健康を守り、栄養を提供する」という共通の信念で結ばれた代田である。その代田とも連絡が取れた。

代田は昭和十三年六月、「乳酸菌による健康づくりに専念したい」と、京都帝国大学の微生物学の研究職を辞職した。永松はこの時、代田のために京都市左京区に家を購入し、必要な研究資材の費用も負担している。ここがのちに財団法人になった代田研究所の始まりである。

戦時中の食糧難の時期には、代田は何度も宇佐の永松の実家を泊りがけで訪れていた。永松の家族も京都を訪れる関係だった。それも戦後の混乱期にあってお互いに疎遠になっていたのだった。

昔の仲間たち、とりわけ代田と再び一緒にやれることで、永松は念には念を入れて構想した。

永松はそのつど意見を集約しては、しばらく一人で構想を練っていた。製造工場の配置、原液製造業者と瓶詰め業者との関係、全国展開の販路拡大策、資金見通しなど、描いては消して、また描いては消した。堀たちにも相談した。

こうして完成させた新しい構想を、初めて皆の前で打ち出した。その内容は次のようなものである。

一．東京にヤクルト本社の事務所を置く。

一．本社は直営工場を持たずに、商標権を貸与するだけの会社にする。

一．製造工場は商標権を借りた独立会社とし、ヤクルト本社にロイヤリティーを支払う。
一．独立会社は販売地域を決めて、各域内だけで製造、販売する。
一．宅配を基本とし、値段は小瓶一本葉書きと同じ五円で、月間目標五〇〇〇万本。

ここで注目されるのは、日本で初めて本格導入されたフランチャイズ方式である。日本では一九六〇年代に入ってから、経営方法の一つとして導入され始めたが、永松はいち早くこれを実践することにしたのである。フランチャイザー（本部）の商標や販売のノウハウなどを、フランチャイジー（加盟者）が借りて営業する。その代わりに、フランチャイジーはロイヤリティー（対価）を本部に支払う。

すでに各地で永松の許可なく製造、販売している事業者には、製品にばらつきがあったり、衛生管理などで問題があったりする類似品が多かった。「健康食品」をうたっているだけに、それが永松には一番悩ましい問題だったのだ。

フランチャイズ方式だと、本社が決めた製造管理基準を守らせ、品質一定の全国ブランドとして統一できるメリットがあった。また、既存の事業者には新たにロイヤリティーを課すことで、そのまま営業を継続させることができる。各事業者にとっても、ヤクルト本社にすべて束縛されるわけではなく、自由な営業は担保される——永松はそう判断した。そのロイリヤリティーは、一瓶五十銭とした。

さらに永松の構想では、本社の配下に九州、中国、四国、近畿、中部、東京、東北、北海道の八ブロックにそれぞれ製造と販売の株式会社を設けている。本社は各原料液製造会社から原料液を買い入れた後、各ブロック内の株式会社に卸し、地域の瓶詰め会社で原料液を薄めて製品化するという仕組みだ。

昭和二十九年十月二十四日、滋賀県大津市で、ヤクルト本社設立準備会（「大津会議」）が開かれた。永松、代田、製造販売業者ら約三十人が集まり、事業計画が承認されて、翌三十年四月のヤクルト本社設立を確認した。

この年の暮れ、九州に帰郷した永松は、創業時の仲間たちと熊本で合流し、久しぶりに懇談、この構想をぶち上げた。

「念願のヤクルト本社を立ち上げることにした。売上目標は月五〇〇万本で、日本一の食品会社になることだ。販売のやり方が少し変わるが、軌道に乗れば売上はどんどん伸びる。皆の実入りも少しよくなるだろう」

そう言って高らかに笑った。

ヤクルト本社設立総会

株式会社ヤクルト本社は、昭和三十（一九五五）年四月二日、設立総会を開いた。場所は、東京都中央区西八丁堀四丁目四番地、白橋ビル。

役員は以下の通り決まった。

代表取締役　永松　昇
取締役　代田　稔
　宇都宮春仁
　北井　譲二
　内藤　威
　園田伍三郎
　新庄　強
　今井　義晴
監査役　川本　俊二

（代田は、別法人として設立した京都の財団法人代田研究所の所長でもあったが、翌

五月にヤクルト本社の会長に就任している）

資本金は永松が全額出資した。友人から借金した二〇〇万円を、三菱銀行内幸町支店に預金する代わりに、これを担保に六〇〇万円を借りた。

本社ビルは三階建ての印刷会社ビルを借用し、一階にモデルプラント工場、二、三階が事務所だった。

一階の工場は、全国の製造工場のモデルとして設置した。乳酸菌量の濃度差や衛生面などで、それまでまちまちだった製品に、成分基準や製造手順など厳しい注文を付けた。

同年八月、近くに窪園秀志が四階建てビルを建てた。一階は東京ヤクルト工場で、この工場長が窪園である。二階は窪園事務所、そして三階にヤクルト本社が移転した。

永松の周囲には多士済々、ユニークな人物が多かったが、窪園もその一人である。

窪園は、大正十五（一九二六）年十二月、鹿児島県上知識村（現・出水市）の生まれ。出水実業学校（現・出水工業高校）建築科卒後、呉海軍施設部に勤務。終戦後、様々なアイデア商売を経て、鹿児島でヤクルト販売を営んだ。宣伝カー、軽飛行機など、かつて永松の師だったエリーの正垣角太郎が使った方法と同様、人を驚かせる画期的なPR手法で、またたく間に業績を上げた。かなり貯えもできて東京に進出し、ヤクルト本社設立時には永松を全面的に支えた。東京ヤクルトでは、瓶の自動洗浄、殺菌機械をいち早く導入したり、当時の流行歌手だったディック・ミネの家を買い取って、郷里・鹿児島出身の配達苦学生たちの寮として開放したりした。

のちにヤクルトを退社して、別の乳酸菌飲料会社を設立。アメリカの俳優で歌手のディーン・マーチンと交遊し、新宿御苑の約一・五倍の広さといわれたマーチンが所有するアメリカの飛行場や動植物園付き大豪邸を購入したり、プロレスラー力道山所有の総合スポーツレジャービル、リキ・スポーツパレスの買収に関わったり、後年には世の男性に艶話を提供した性格女優・千枝子との結婚など、話題に事欠かなかった。

ヤクルト社長時代の永松

永松が昭和二十五年五月に上京中の列車内で知り合った田中美穂は、永松から聞いた「クロレラという画期的な食品を開発して世界の食糧不足を解消する」という話にすっかり魅了された。ヤクルトよりもクロレラに興味があったが、永松から「将来はクロレラの販売網になる」という説得で、ヤクルトの販売組織づくりのために全国を飛び回った。

なかなかのアイデアマンで、ある時は自分が白衣を着て医者に扮する。その後にカバン持ちと二、三人の伴が続く。病院を訪れるとカバン持ちが「乳酸菌と病気について、著名な田中先生がお話をいたします」と言い、職員や患者たちが集まった中で、一、二時間演説する。田中も心得たもので、ちゃんと基本を勉強しているから興味を持たれる。最後はヤクルトの注文をしっかり取って帰った。また、会社に中古車を買ってもらい、車のバッテリーを電源にしてスピーカーを屋根に取り付けて宣伝カーに仕立て上げ、呼びかけに集まった人たちに試飲してもらい、宅配契約を広げていった。

本社を設立したころの永松は、四十五歳。病身を顧みず、普及活動に全国行脚、宣伝遊説を続けた。

本社設立後の昭和三十年九月一日、「ヤクルト新聞」が創刊された。タブロイド版四ページで、本社従業員や販売会社、営業所向けの、いわば機関紙である。編集兼発行人は、取締役の宇都宮春仁である。

設立時の様子を「ヤクルト新聞」創刊号に見てみよう。

会長代田は、

「私はヤクルトを通じて世の人々が健康で長生きできることの信念に燃え、ただ一筋に予防医学の確立に努めてすでに三十有余年。今日七千六百人の同志諸君が私の研究を理解され、人腸保護菌を以ってする生菌療法の事業にご協力され、総資産三億一千万円、月額売上一億五千万円に達したことは（略）心より感謝いたしている次第です」

と創刊の辞を述べている。

永松は、社長の辞として「同志と共に」と題した決意を示している。今後の事業計画をはじめ、企業理念、理想とする社会など、彼の考え方や哲学が非常によくわかるので、少し長いが全文を紹介する。

同志ヤクルト業界の機関紙が発刊されるに当り、私のかねての所懐の一端を披瀝してみたいと思います。

ヤクルト事業の現況に就きましては既に先月皆様各位のお手許にお届け致しました「ヤクルト事業概要」第二号に詳細報告されております通りです。

近い将来の仕事としては製造協同組合、販売協同組合、ヤクルト普及会等のことどもが既に用意されています。就中《なかんずく》、ヤクルト普及会は日本に於けるモデル・ケースとして快適なものを創りたいと考えています。

ヤクルト事業に携っておられる全業務員は現在七、六〇〇人で間もなく一万人を突破します。これらの即ち皆様の御家族（目下資料を整備しつつありますが）を計上しますと現在でも既に二万五千人を超えています。

この大陣容、大家族の皆様がこの激しい世相に処して日々「愉しき哉人生」を唱え得るような環境を創りたいと考えている次第です。

好むと好まざるとに拘らず、社会生活はメカニズム化して来ます。だからこそ日本民族の良き伝統の上に立った人間味ある環境を創り上げたいのです。

約三万人の衣、食を先ずより安く出来るようにすること（消費組合）から始めて、冠婚葬祭、健康管理、子弟の奨学金、巡回図書、観光旅行、レクリエーション等々安居楽業を期する次第です。あたかも人口三万の都市を運営するようなもので、老若男女、あらゆる個性、あらゆる趣味の方々が夫々の利用面においてご満足されるヤクルト普及会を皆様各位のご協力に依り実現致したいと思います。

私のこのアイデアは必ず皆様各位の御賛意御協力を得るものと信じますが、まだ構想中で具体的な結論毎に発足致したいと存じますからその都度ご協力ください。

勿論、その都度皆様各位の衆知を集めよりよいスタートを切りたいと思います。いつごろ発足し、如何なる仕組みでそして総合的完了の期日を問われますと即答致しかねますが、私としては皆様各位の機運と申しますかナチュラルに進行させたいと思います。

恐らく日本では類例のないユニークな共同生活体を創りヤクルト普及会としての名誉と権威を築きたいものと考えています。

◇

ヤクルト事業は既に第二次製品第三次製品とその研究も卓越した成果を収め、その応用範囲は極めて広大で正に世紀の発見とも謂う可く、これの大衆化こそ「ヤクルト事業」本来の使命であると確信しています。私のライフ・ワークとして渾身の情熱と智能をこれに傾注している次第であります。

と同時にヤクルト・センターの為に、私の大家族主義であるこのヤクルト普及会を是非、実現致し「明るい生活、愉しい人生」を相ともに迎えたいと思います。

勿論、ヤクルト普及会はヤクルト本来の事業ではなく付帯事業ではありますが、このヤクルト普及会がバック・ボーンを為し推進体を演ずる次第です。

歴史をひもとくまでもなく先進国がかつて植民地開拓に様々なる国策的会社を設営した場合その附帯事業として従業員の安居楽業的諸施設に非常なエネルギーを費やしていましたが、それだけに会社は極めて顕著な業績を収めています。また伝統ある世界的な事業体はいずれもメンバースクラブ的なものを育成して社員の志気昂揚を図っています。

◇

いつの時代、どこの世界に於いても人の和が事業の成否を決定しています。「地の利は人の和に如かず」と洵《まこと》に人の和が歴史を創ると言っても過言ではありますまい。

人の和と謂うことは、換言すれば一プラス一が二以上三にも五にも十にもなる力を生むということです。

事業の成敗如何は人に在ります。先ず人を得なければなりません。人は之を養成しなければ求められません。人材の養成は事業家の重要な責務です。

ヤクルト・センターの中には寮も設営され同志合宿練成を行い適材適所の人材養成も計画されています。

斯《か》く私の構想は気宇広大に常に同志と苦楽を共にし「愉しき哉人生」を志向している次第であります。

「人生を暖めて呉れるものは友情だ」「喜びを分ちては二倍となし、悲しみを分ちては半分となせ」という言葉がありますが、洵に人間は元来孤独なものでありますから人生が同志から始まり同志に終れば、どんなにか豊かな人生を享受できることでしょう。

◇

以上限られた紙幅で充分に語り得ませんが私の意図しているところをよく味読して戴き、次の飛躍進展に御支援御協力の程を切にお願い申し上げます。

初秋の季、同志各位の御健闘を祈念して擱筆致します。

◇

昭和三十年は、サンフランシスコ講和条約により日本が主権を回復してから三年たち、造船景気などで経済が立ち直りを見せていた。かつて経験したことがないほどの好景気だとして、「神武景気」と呼ばれ、昭和三十一年の「経済白書」には、「もはや戦後ではない」と表現されるほどだった。生活様式も欧米化して、一般家庭では洗濯機、白黒テレビ、電気冷蔵庫が〝三種の神器〟と言われて「我が家の近代化」への目標になっていた。

ヤクルト本社設立の三か月後、七月には目標とした月間五〇〇万本の三倍近い一四〇〇万本という驚異的な売れ行きだった。

松園尚巳登場

ヤクルト本社設立に関連して、ここで登場してもらわねばならない人物がいる。のちに永松との確執が取り沙汰された松園尚巳《ひさみ》である。

長崎県松浦郡三井楽町（現・五島市）出身。大正十一（一九二二）年七月十五日、双子の弟

として生まれた。永松より十二歳年下になる。父は小学校教員、のち校長に。昭和十四（一九三九）年、初めて上京、法政大学工業学校から法政大学専門部（夜間）に進んで苦学するが、中退した。

松園が上京したのは、永松が福岡の地から山口県下関市に新工場を建設しようと奔走していたころである。また、そのころ松園より二回り近く年上の代田は、短期間ではあったが、初めての軍隊勤務を経験していた。

代田は京都帝国大学助教授時代の、昭和十三年三月十日、青森県弘前市の陸軍第八師団弘前旅団野砲第八連隊野砲中隊に、軍医少尉として配属された。しかし、基礎研究者で臨床経験がないために、わずか五日間で除隊している。その後、七月一日付で今度は中国ハルビン医科大学教授兼ハルビン衛生研究所長に就いたものの、同年十二月三十一日付で退官している。以降、公職から離れて京都市の自宅に私設の研究所を設けて、研究とヤクルト製造に専念することになった。

さて松園は、東京で知り合った知人が次々に召集されて郷里へ帰ると、五島に帰郷する。松園も召集されたものの、体格検査ではねられた。その後、地元で軍が発掘している鉱石を船積みして運び出す仕事に就く。終戦を郷里で迎えて、戦後は長崎市に出た。長崎も原爆の被害に遭ったが、市中心部から離れた長崎港周辺は被害を免れていた。港に着くと求人広告を頼りに、床屋、すし屋、中華料理店での見習いを経て、ヤミ市で海産物や駐留軍の横流し品を扱った。茂木《もぎ》（長崎）ビワを仕入れて京都まで輸送販売もした。箒や着物生地の行商など、松園の逞しさはこのころ磨きがかかった。松園は「上京して一旗あげたい」との思いを断ち切れなかった。そのころ福岡に住む母方の従兄弟・山下嘉一が販売していたヤクルトと初めて出合っている。

初めて松園に会う

昭和二十九（一九五四）年秋、東京・品川駅前の京品ホテルロビー。松園は初めて永松に会った。松園の手には山下嘉一の紹介状が握られていた。

本社設立準備で忙しい永松に、

「永松さん。今度新しく東京にヤクルトの本社をつくる話を聞きました。どうか私にも工場をやらせてください」

そう言って、腹巻の中から現金二、三十万円が入った封筒を取り出して永松に渡した。工場の創業資金というわけだ。

永松は封筒を手にして、「フーッ」と大きくため息をつくと言った。

「はっきり申し上げます。この程度の金額では、一つの工場をとてもやっていけません。希望する人もほかに大勢います。今日はいったんお引き取りください」

身も蓋もなかった。

しかし、ここから松園の真骨頂である。

永松がいったん席を立っても、また永松に追いすがる。さすがに永松も忙しさのあまり、

「もう帰ってくれ」

とつい声を荒らげた。しかし、

「お言葉ですが、永松さん。この金は今の私には全財産ですよ。あなたにははした金でしょうが、ヤミで商売したり、手伝い仕事や行商で小銭をためてきました。このご時世、生きるだけでも大変ですが、今の私は精いっぱい頑張って新しいことをやってみたい。だから長崎から出て来たのです。この命を懸けています」

体は小さいが、声は人一倍大きい。松園三十二歳。若き熱血漢ぶりを満身に込めて熱弁をふるった。時折、額の汗をぬぐい、絶対に後には退かないという眼力を見せた。

永松はこういう男に弱い。

――今はやる気のある人間が欲しい。俺のエリー時代のことを考えれば、この男も根性があるようだ。

そう思い直すと、手のひらを返したように、意気に感じてしまった。

「わかった。じゃあ、川崎（神奈川県）をやってみるか」

松園の粘り勝ちである。

だが松園はこれで納得はしなかった。
二、三日後、川崎市内を自転車で一日走り回った翌日、永松に言った。
「あそこは私にはあまりにも広すぎます」

結局は、東京・八王子市の営業を任されることになった。


実は松園は、自分なりに下準備をしていた。永松には初めて上京したように振る舞ったが、実は原液の入手方法、原料液を薄めて瓶詰めする方法や販売法など、ヤクルトを取り扱うノウハウは従兄弟から学び、八王子で体験していたのだ。八王子には、法政大学専門部のころの知人と住んだこともあり、土地勘もあったのである。

こうして十二月に、関東地区では初めての瓶詰め製品工場「関東ヤクルト製造」を設立。翌年三月からは、原料液の製造も始めた。

この松園の熱意や手早い段取りに、永松は感服した。

「なかなかできる男だ」

ところが、松園の瓶詰め製品は、不衛生だと有名になった。瓶に雑菌が入り込んで、配達途中で発酵して蓋がポンポンと飛ぶことから〝ピンポンヤクルト〟と酷評された。
「保健所から苦情は言ってくるし、ほかの品までが評判を落としてしまう。あいつは仕事が粗すぎてならん」
と永松は頭を抱えこんでしまったのだった。

ヤクルト本社は設立したが、ロイヤリティーを管理するだけで、製造するのは別法人の各原料液製造会社であり、販売はその地域内の瓶詰め製造販売会社である。

本社設立の際、全国には原料液製造会社は九社、瓶詰め販売会社（営業所）は三四九社。最盛期には営業所は五〇〇社以上あった。

ヤクルト内でも次第に、組織の系列一本化、簡素化、合理化による諸経費削減、原料資材確保の利便性など、多方面から効率的な会社運営が求められてきた。各地域の瓶詰め工場や販売店の中には、ヤクルト協会や協同組合などと称して一緒に活動するところも増えてきた。

そこでヤクルト本社は昭和三十六年、各地区の瓶詰め販売会社を、北海道、東北、関東、東京、中部、東海、北陸、近畿、中国、四国、九州の十一地区に分けて協同組合を発足させた。全国ヤクルト製造協同組合である。さらに販売会社を統括していた各支店も廃止し、本社との風通しをよくしたのである。

本社は発足以来、何度か増資を図ってきた。しかし永松は自分の持ち株はまったく増やさなかった。本社の株式は、製造、販売などの各社に公平に分け与えられ、取締役もその中から選出された。「己の利益よりも知人や友人の便宜を図る」。これが永松の徹した〝同志〟意識であり、大家族主義だった。

また、製造過程で保健所から指導を受けたり、税務当局から脱税を指摘されたりなど、問題発覚のたびに走り回るのも永松であった。

一方、八王子から始めた松園は、翌年に横浜、札幌にも原料液工場を持つなど、その意欲的な活躍ぶりは社内でも注目され、株式保有数も増え、その結果、本社内でも次第に発言力を強めていった。入社二年目の昭和三十二年には、早くも本社取締役総務部長に昇格。同三十四年には全国ヤクルト製造協同組合（全製協）の理事長に就任した。本社内外での存在感をこれほど短期間のうちに強めた者は、ほかにいなかった。

「ヤクルトおばさん」創設

ヤクルトが本社設立後、飛躍的に販売本数を伸ばしていった要因の最たるものは、宅配制にあった。「ヤクルトレディ」の貢献である。これを「婦人販売店制度」として、ヤクルト本社が組織的に全国的に採用したのは昭和三十八（一九六三）年のことだが、もともとこれを考えたのは、本社設立時の永松を中心とした創業メンバーだった。

永松は福岡で創業して以来、宅配制を取り入れてから販売を伸ばした。当時すでに牛乳配達がそうだったし、彼が修業した京都時代のエリー販売でも行った。

永松は、宅配といっても、家庭や事業所などに取り付けられた箱の中に毎朝届けるだけでは意味がないと考えていた。それだけでは付加価値がない。

打ち合わせで永松は言った。

「私がそもそもヤクルトを起業した意図は、自分の幼少時の病弱や食糧難体験から、これからの日本では栄養補給や衛生面で、自分で自分を守るという意識をもっと普及させなければならないと思ったからです」

「自分で自分を守るというのはどういう意味ですか」

「病気をしない、罹りたくないといくら思っても、かなうはずはありません。反対に、病気になるのは簡単です。いつも不衛生にしていて、必要な栄養を摂らなければいいのです。衛生管理されたヤクルトを飲めば最小限の体調維持ができる。病気にも罹りにくい。そこに共感を持ってもらいたい。知らない人には知ってもらう。試してもらう。そのためには対面販売が必要なのです」

もちろん新聞や雑誌など広告媒体を使って宣伝もするが、真の宣伝は対面販売、言葉での説得しかないと永松は思っていた。配達した時のあいさつや対話、友達感覚でのつながりで、実際に試飲してもらい商品が広がることを期待していたのである。

各店舗では販路拡大のため、人口比で一人の販売員が持ち運ぶヤクルトの本数を決めていた。だがどうしても販売員が不足して、配達だけに追われてしまい、新たに拡張する戦略が弱い。また一人が持ち運ぶ本数にも限界がある。人手を集める策はないか。

ヤクルト本社設立時、岡山支店の瀬尾孝史は、中国五県（山口、広島、島根、鳥取、岡山）の販売指導を一手に担当していた。瀬尾が販売要員として考え付いたのが、潜在労働力であった主婦である。

瀬尾は支店会議で提案した。

「奥さん方を使うという手はどうだろうか」

戦争で夫や働き手を失った女性。少しでも家計を助けたいと思っているが職がない主婦。加えて昭和三十年代に入ると、家庭に電化製品が普及してきた。これは主婦の家事労働を少しずつ軽減することにもなった。瀬尾はそこに目を付けたのだった。

これを聞いた永松も、

「それはいいところに目を付けた。短い時間でも我々の助けになる」

と言って早速、岡山での実践を求めた。

家事労働が軽減されたとしても、その時間は限られたものだろう。だが営業エリアを狭くすれば、短い時間でも宅配や新規開拓に回ることはできるだろう。それに主婦の小遣い稼ぎにもなる。しかも家庭を戸別訪問する対面販売は、男性よりも女性の方が向いている。主婦同士なら、子供のこと、夫のこと、病気や教育など共通する話題も多い。これが永松や瀬尾の考えだった。

瀬尾たちは各販売店の管轄区域の人口、世帯数、事務所、学校、病院、工場、ヤクルト普及率など、入念に調査して普及員数を割り出した。

初めは試験的に二、三十人の女性販売員が乗ったバスを各地区に回して、地区の担当販売員が乳母車などにヤクルトを積み、宣伝、販売して回った。この努力が見事に功を奏した。倉敷、玉島地域などで飛躍的な売上を記録し、ヤクルト本社内でも評価が高まった。

のちにヤクルト本社の営業担当常務として婦人販売店を制度化した小田切英一は、この時、和歌山で営業所を営んでいたが、瀬尾らの方策を採用しようと、一週間岡山に滞在して一緒に検討している。

永松らのこうしたパート女性の活用と採用法を組織化して、通称「ヤクルトおばさん」は誕生したのだった。

併せて永松が配慮したのは、販売店における女性たちの、福利厚生面での支援組織、つまり配達中の事故災害、子供の教育支援、健康管理などである。これがのちの扶助組織「同仁協会」につながった。永松が本社設立時に掲げた「ユートピア」に向けた試みの一つである。

岡山で生まれた「ヤクルトおばさん」は、昭和三十八年に婦人販売店として制度化された。昭和五十八年ごろからは「ヤクルトレディ」と呼ばれている。

不惑

クロレラへの道

クロレラへ傾注

永松が乳酸菌に興味を持ちヤクルトを立ち上げたのは、日本人の食生活と衛生環境を改善したいからだった。医師への道は断念したが、別のかたちで日本人の健康に資する、さらには家庭、社会といったグローバルな視野での貢献がいつも頭にあった。

その考えが「ヤクルト新聞」に掲載されている「同志と共に」によく表れている。つまり、将来的に食の面から日本人の「健康ユートピア」実現を期していたのであった。将来は安定した乳製品確保のために牧場を経営、乳製品や食肉までも扱いたい。

ここにきて、乳酸菌によるヤクルト飲料の販売は、どうにか軌道に乗ってきた。次はいよいよ〝食品クロレラ〟の出番だ。

――クロレラは、必ずやヤクルトに取って替わる。

この秘めてきた熱い思いがある。

クロレラは直径わずか二―七ミクロン（一ミクロンは一ミリの一〇〇〇分の一）の単細胞藻類の一種。水槽の底などに見られる緑色をした藻類だ。

なぜ永松はクロレラに注目したのか。それは「タンパク質源の食糧」としての魅力にあった。

クロレラは、十分な太陽エネルギーと炭酸ガスさえあれば、光合成を行ってものすごい勢いで繁殖する。これを乾燥させると、約五〇%がタンパク質で、ほかにビタミン、脂質、糖質などの栄養分も豊富である。

そこに目をつけて食糧源としての研究を最初に始めたのはドイツで、第一次世界大戦後の食糧難対策だった。しかし進展は見られないまま、第二次世界大戦後は、アメリカや日本が食糧化へ積極的に取り組んだ。終戦後、GHQはタンパク質補給食品として、クロレラ活用を真剣に日本政府に働きかけてきた。永松はこうした世界の動向と情報を、早くからつかんでいた。

以前、永松が宇佐から上京中の列車内で、面識もなかった田中美穂にクロレラについて語ったこともあった。つまりそのころから、永松はすでに世界の食糧事情や開拓の実現性を理解し、国内展開のチャンスを求めていたのだ。

日本では東京大学の田宮博教授が戦後間もなくアメリカと共同研究を行い、徳川生物学研究所でクロレラの大規模な屋外培養を行っている。

当然、代田のいるヤクルト研究所でもクロレラを研究していた。昭和三十三(一九五八)年、研究員の武智芳郎は、クロレラ内にある微生物発育促進物質の抽出に初めて成功した。これを使い、乳酸菌の数を驚異的に増やす培養実験にも成功したのである。従来は一ccあたり約十億個だった乳酸菌が、クロレラを入れると約一〇〇億個にも増えたのである。

ヤクルト本社はこの研究成果を踏まえ、昭和三十五年からクロレラで培養したヤクルトの販売を始めた。

この年、ヤクルトは一億円出資して東京都北多摩郡国立町（現・国立市）に財団法人日本クロレラ研究所を設立した。この所長に就いたのは、財団法人日本食生活協会副会長の南喜一（のちのヤクルト会長）である。

南喜一はユニークな人物である。

明治二十六（一八九三）年二月、石川県金沢市に生まれた。大正十二（一九二三）年九月、関東大震災直後の亀戸事件*で弟を殺害されたことから、国家権力に反発して共産党に入党。三十歳だった。多くの労働運動にかかわり、自らも検挙された。獄中で転向後も、廃娼運動や労働争議などを指導した。

もともと戦前の最難関国家試験の一つとされた専検（専門学校入学資格検定試験）に十七歳でパスして、金沢市から上京した。人力車夫などのアルバイトをしながら、早稲田大学理工科を卒業している技術系でもあった。

獄中で覚えた新聞紙からインクを抜いて再生紙を作る技術を、日本の資源難対策として軍部に提案した。それが認められて獄中仲間だった水野茂夫（のちのフジテレビや産経新聞社長など）を誘って「大日本再生製紙」を設立して実業界に入った。ヤクルトから声がかかった時は、大日本再生製紙を吸収合併した「国策パルプ」の会長でもあった。

日本食生活協会は、戦後の食糧難、栄養失調、乳児死亡率の高さなどを改善するため、南らの働きかけで昭和三十年に発足していた。南のクロレラ研究所所長就任は、まさに当を得た人材だった。

南は言った。

「クロレラはいずれ人間の大切なタンパク質源になる。宇宙食としても脚光を浴びつつある。缶詰やチューブに入れて食べるが、クロレラは糞も尿も出さず一〇〇％消化される。炭酸ガスを酸素に変えるから酸素の補給にもなる」

昭和三十二年十月には、世界初の人工衛星スプートニク一号をソ連が打ち上げた。その成功は、宇宙食という新しい領域にも目を向けさせた。同三十七年五月、ボストーク一号で史上初めて宇宙飛行したソ連のユーリイ・ガガーリン宇宙飛行士が来日した際には、永松も対面して宇宙食が話題になった。

クロレラヤクルトの発売によって、「クロレラを最初に食品利用した」として、永松は東京都発明功労賞に輝いた。さらに昭和三十七年、武智の研究によって、会長・代田、社長・永松と武智の三人に、三木武夫長官から第四回科学技術庁長官賞が贈られた。

武智は、映画や演劇で異才を放った演出家・武智鉄二の弟で、京都大学医学部を卒業した医

科学技術長官賞受賞時の永松

学博士である。代田の後輩にあたる。武智はこのクロレラによる乳酸菌培養法について、ニューデリーでの世界藻類学会で発表するなど、世界的研究者だ。永松を最後まで慕った一人である。武智は永松が亡くなった同じ年、奇しくも永松の誕生日に五十九歳の若さで亡くなっている。

政財界がいかにクロレラに注目したかは、昭和三十五年にヤクルトが開いたクロレラ大会の顔ぶれを見てもわかる。渡邊良夫厚生大臣、福田赳夫農林大臣、中曽根康弘科学技術庁長官、財界重鎮の今里広記、経団連会長の石坂泰三、また学界から茅誠司東京大学総長らが列席。クロレラ研究第一人者・東京大学の田宮博教授ら四人が、クロレラの将来性、企業化などについて講演している。

永松は、クロレラを食糧化するには、三つの条件が必要だと考えていた。

一つは、米づくりや園芸作物に比べて、生産労力が少なくてすみ、製品販売価格が高いもの。二つは、輸入するタンパク資源より経費的に安くつくこと。三つ目は、消化しやすくおいしいこと。

食料品そのものだけでなく、例えば大豆の反当たり収穫量を増やしたり、作物の成長を促進する添加物や、家畜の肉質を改善する飼料などにも応用できるだろうとも考えていた。

永松は今回の受賞を契機に決意を新たにした。

「クロレラは、間違いなく二十一世紀の食品になる」

永松はクロレラ製品の開発や、原料乳を確保するために、昭和三十四年、ヤクルト乳業株式会社を長野県伊那市に設立した。また、アメリカで開発されたブドウ糖を砂糖に作り替える技術を持つ製糖会社や光合成株式会社にも出資するなど、着々と構想を進めてきた。

同三十八年一月、財団法人クロレラ研究所は、所期の目的を達成したとして廃止された。これを受けて、ヤクルトはその近くに「日本クロレラ株式会社」を設立した。クロレラ研究所の設備類は日本クロレラに移管し、クロレラの培養と販売に乗り出した。資本金は一億円。主な出資者は、丸三証券七〇〇〇万円、永松一四〇〇万円、国立町一〇〇〇万円、日商（のちの日商岩井、現在の双日）五〇〇万円などである。ヤクルト本社はここからクロレラを購入して、各製造工場でクロレラヤクルトを生産した。

だが、こうしたクロレラへの傾注は、値段が高く製造原価を引き上げる原因になるとして、現場から次第に反対の声が上がってきた。とりわけ松園は、自ら原料と製品の製造工場を経営しているだけに、強く反対した。

松園は一度、社長室に飛び込んで進言したことがあった。

「社長、クロレラを使わないでも、マンガンを使えば同じように培養効果があります。原価がわずかの四十分の一ですみますよ。四十分の一で」

これを聞いたとたん、めったに怒らない永松は顔色を変えて松園を激しくしかりつけた。

「君は食品製造のイロハを無視するのかね。マンガンは食品衛生法で禁じられている有害物質だというくらい知らないのか。安ければ何でもいいという次元の話ではなかろう」

「……」

永松の剣幕に、松園は二の句が継げなかった。松園の仕事の粗さが、相変わらず永松の頭痛の種だった。

しかし松園に近い人たちのクロレラへの不満は、次第にクロレラ研究所への出資や製糖会社、光合成株式会社への融資などにも向けられた。「永松社長の独断専横だ」と決めつけ、「不正疑惑追及」を訴える怪文書までも横行し始めたのである。ヤクルト本社とヤクルト製造協同組合とは別の法人であり、協同組合に力を持つ松園はヤクルト本社の幹部でもある。

永松が「よかれ」と思ったことが、素直に聞き入れられない空気が出始めていた。

このころから、組織自体に軋みが生じ始めた。

永松の退陣

昭和三十八（一九六三）年十一月二十三日早朝――。

テレビでは、アメリカ大統領ケネディが凶弾に倒れたと、世紀の大ニュースが放映されていた。

この日は、日米間で初めてのテレビ衛星中継が予定されていた。NASAからの送信を人工衛星が受けて、茨城県多賀郡十王町（現・日立市）の国際電信電話会社宇宙通信実験所で受信、これを全国のテレビ局へ配信する計画だった。翌年に控えた東京オリンピックの生中継という初の試みにも備えていた。

そこへ飛び込んできたのが、想定外の突然の大事件である。

アメリカの現地時間二十二日午後十二時三十分ごろ、テキサス州ダラス空港からオープンカーでジャクリーヌ夫人と一緒に市内の演説会場に向かっていたケネディは、何者かが六階ビルから狙ったライフル弾三発が命中し、運ばれた病院で三十分後に死亡した。四十六歳だった。

日米間初のテレビ衛星中継に向けて用意されていたケネディの祝賀メッセージに代わって、瞬く間に世界中を駆け巡ったこの衝撃によって、画面には哀悼と鎮魂の声があふれた。

この年、国内では翌年の東京オリンピックに向けて開業予定の東海道新幹線試作車が、時速二五六キロの世界新記録を達成（三月）、さらに高速道路網整備も進むなど、高度経済成長路線による公共投資によって、多くの都市労働力が経済を支えていた。

反対に農業は後継者不足をきたし、「じいちゃん、ばあちゃん、かあちゃん」に頼る〝三ちゃん農業〟と呼ばれる農家が増え、衰退への道をたどり始めた。

十一月九日には、福岡県大牟田市の三井三池炭鉱三川坑で炭塵爆発が起き、四五〇八人が死亡、八〇〇人を超える一酸化炭素中毒者を出すという、戦後最悪の労災事故が起きた。

世の中の産業構造が大きく変化していた。

このような激動の年となる昭和三十八年は、ヤクルトにとっても大きな変化の年となる。新年を迎えたばかりの一月、ヤクルト本社内に激震が走った。

突然、永松は役員会で社長退任の決意を述べたのである。会長の代田にも知らされていなかった。

本社組織が発足してからわずか八年目というのに、今日の事態を誰が予想できたであろうか。

ヤクルト一日当たりの売上は、当初の目標をはるかに超える日量五〇〇万本と、飛躍的な発展を見せていたからだ。

役員会の司会をする永松が、いつもと変わらぬ口調で口火を切った。

「本日は、年も改まり心新たな朝を迎えて、皆様おめでとうございます」

そう述べて、永松はいつもの冗談を挟まずに続けた。

「私は本日、決意を新たにいたしまして、突然でございますが、社長職を辞任いたす所存であります」

役員たちは一斉に驚愕した表情で顔を見合わせ、動揺を隠せなかった。誰が声を発するでもなく、彼らの狼狽したような息遣いだけが、さざ波のごとく伝わっていった。そして誰もが思った。

「どうして、なぜ今辞めるのだろう」

永松は続けた。

「同志の皆さんとヤクルト本社を創業して以来、八年たちます。おかげさまで今日、所期の目標を達成できましたことは、皆様のたゆまぬ経営努力のおかげだと感謝いたしております。日本人の健康増進と病気予防という信念で始めた事業が、ここまで多くの方々から共感や御支持をいただけたのも、皆様と同じ価値観を共有できたからだと思います」

と、永松はまず同志への感謝を述べた。

さらに「日量五〇〇万本になれば、私は身を引くとも申し上げてまいりました。来年はオリンピックが東京で開催されるなど新しい時代の到来を感じます。おのずと経営にも刷新が求められますが、これを機会に古きは去り、若い方たちに今後を託したいと考えました」

淡々と語る永松は、全く未練はなく、さばさばとしているかに見えた。

しかし、そうではなかったのである。

社の路線対立を助長するかのような松園の言動や、一枚岩では物事を進めづらくなった思いが、永松にはあった。

ヤクルトの販売は安定成長を続け、発展を見せている。いずれ松園が社長になるだろう。松園とは考え方に違いはあるが、社業に意欲的な後継者であれば、この安定経営を維持できるだろう。

実は退任のきっかけになったことがあった。

前年のある日の役員会。小休止で永松は手洗いに立った。永松が再び席に戻ろうとドアを開けると、松園ら数人が小声の密談を止めて、あわてた様子が見て取れた。この時、「永松を辞めさせる」という仲間内の合意ができていたのではないか。

これまで事あるたびに、他人の批判をかわして松園をかばい、目をかけてきた永松。それは松園が、やり方に非難を浴びながらも、わが道を工夫しながら邁進し続けて事業を拡大し、ひいてはヤクルト本社全体の発展にも貢献したと受け止めていたからである。

――仕事も人使いも粗いが、その決断力たるや、彼にかなう者はおるまい。自分が退任したら松園が実権を握るだろう。

役員会の席で永松は後任を指名はしなかったが、松園という人物に社運を賭けたのであった。先にも触れたが、持ち株についても、意識的に自分や親族よりも、社員や従業員の安定を願って優先配分してきた永松と、次々に主力工場を増やし、本社内で格段の持ち株保有数と発言力を誇る松園とでは、社内の力関係は明らかに永松が劣勢だった。

「結局、社内の勢力争いに負けたのだろう」

そういう社内外からの声が聞かれたのは、そのへんからきていた。

だが、それは的を射ていない。永松は「食」の次のステップとして、新たな事業展開を思い描いていたのである。そのために今のヤクルト経営を禅譲する気持ちであった。

永松は広島での被爆以来、白血球が極端に減少し、身体の変調に悩まされ続けた。いろいろな民間療法も試した。発熱や下痢にはドクダミがいいとか、クスノキの葉や柿の葉を煎じて飲んだら解熱効果があったなどと勧められた薬草も飲んでみた。またお灸をへそ周りにしたら下痢に効き目があったと聞くと試してみた。玄米食が効果的だった時もあった。だが、いずれも恒常的な効果をもたらすものではなかった。

ところが、クロレラは効果があった。永松はクロレラを知ってから飲用し続けていた。

「激減した白血球が少しずつ回復してきたんだ」

嬉しそうに、一緒にいる家族には漏らしていた。彼がクロレラにこだわる理由の一つである。

永松がヤクルトに一定の距離を置こうと考え始めたころ、こういうこともあった。

永松の息子が大学卒業を前にした昭和三十七年、就職先にヤクルトを選んだ。この時に永松は息子に言った。

「今の商品は一つの時代を築いたと思うが、さらに進化させないといけない。これから俺が開発しようとしているクロレラ食品は、きっと世界の食糧難や貧困対策に役立つだろう。まあ、宇宙ロケットを開発するようなものだね」

つまり永松が息子に言いたかったのは、恐らくこうだったのだろう。

体格が悪く衛生環境の立ち遅れた日本人に今一番必要なことは、栄養と衛生意識を心掛けて、病気をしないように自分で自分を守っていく意識改革だ。体力を維持する最低限の栄養を摂り、日ごろから病気にかからないように自ら工夫し、予防しなければならない。

この栄養バランスと予防医学という考え方は、今日でこそ推奨されるが、当初から一貫して永松の頭にはあった。まず始めたのが、乳酸菌飲料。整腸効果がある乳酸菌飲料を普及させて、栄養補給と腸内環境の健康維持を図ること。これはヤクルトとして、ある程度普及できた。次には、安定的に、しかも廉価で供給できる新しい栄養食品類の開発だ。その手始めがクロレラ食品である。

次の新開発は自分にしかやれない。自らの健康、年齢からすれば、急がねばならない。

松園の体制固め

永松は昭和三十八（一九六三）年三月に正式に辞表を提出し、非常勤の取締役会長に座った。会長だった代田が代表取締役社長に、平取締役で別法人、全国ヤクルト製造協同組合（全製協）の理事長でもある松園が、専務取締役に抜擢された。

だが、あまりにも突然すぎた永松退任は、社内だけでなく全製協の経営者、従業員ら、それまで永松を師と敬い、恩義を受けて慕ってきた人たちを巻き込み、各地でヤクルト本社の新体制に強く反発する動きが現れた。地域によっては、善後策を協議したすえ、店をたたんだり、別の乳酸菌飲料を始めたりする者も現れるなど、混乱した。水面下の「永松対松園」という対立構図が、一気に色濃く浮かび上がってきたのである。

一方、永松退陣は、松園にとっては欣喜雀躍。あの強引な入社からわずか八年でナンバー2に昇り得た。社長の代田は研究者である。実質的に実権を握ったわけだ。四十歳。松園がこの先トップを目指していく〝松園体制〟の幕開けでもある。

松園は以降、社内外との闘争過程で、ヤクルト発展の上で良かれ悪しかれ様々な布石を打ちながら、「儲かるものなら何でもやる」と、頂点まで極めていく。それは永松が描いていたユートピアとは乖離した姿へと向かうことになる。

新体制になってまず変わったのが、「常務会」と「合同会議」の新設である。本社の常務以上で構成する「常務会」で社の方針を決定し、それを全製協の代表者による「合同会議」で協議して最終決定することにした。そして双方の議長に松園が就任した。間髪を入れない松園の権力把握法だった。

一部の全製協の人は、コスト高になるため高価なクロレラを使用し続けることには反対だった。目の上のこぶは、ヤクルトにクロレラを売っている日本クロレラである。また永松が設立したヤクルト乳業も「赤字だから整理しろ」という声が堂々と出てきた。

クロレラを将来の食糧対策、新産業育成として開拓しようという先行投資の永松らと、今の売上を最優先する松園路線が、いつまでも共存できるはずはなかったのだ。会長の永松は会議に出てはいなかったが、こうした社内の空気はわかる。

昭和三十三年に京都のクロレラ研究所で、武智芳郎がクロレラによる「乳酸菌発育促進培養」に成功したことは先にふれた。この時に、ヤクルト本社は功労者としてその開発特許権を永松に与えていた。

「おそらくこのまま退陣する永松ではない。何かしでかすだろう」

そう踏んだ松園たちは、開発特許権を本社に返還するように永松に求めてきた。

永松は自分の今後の生命線であるクロレラ開発特許を手放すことはできない。

すると松園は、永松に特許を使って会社を興せないようにと、「クロレラ特許権の譲渡禁止」の仮処分を求めて提訴した。

さらにヤクルトの本音は「永松が持っている株以外の日本クロレラ株式の取得」だった。クロレラ株式会社自体を買収してしまう狙いである。

ヤクルト本社の事業拡大の一環としてクロレラに懸命に取り組んだ永松であったが、このまま社内にいることで、自分を取り巻く環境は一層悪くなると、日ごとに強く感じるようになった。

社長を辞任してから半年後の三十八年九月、永松はついに会長職も辞し、ヤクルトと完全に決別したのである。福岡での創業から二十八年、本社設立からはわずか八年だった。

ヤクルトは、翌三十九年一月、日本クロレラを買収した。永松がこれに応じたのは、クロレラ特許権を譲らずに、心置きなく独自にクロレラ製品開発に専念するためであった。

日科設立

永松はヤクルトから手を引いた翌年の昭和三十九（一九六四）年一月、株式会社日本科学開発（日科）を設立した。宇都宮春仁を社長に、自らは会長になった。宇都宮は、永松と同じ宇佐市出身で、ヤクルト本社設立前から気心が知れていた。創刊した「ヤクルト新聞」の編集兼発行人でもあった。

永松が新会社を設立することを知った多くの永松を支持する人たちが、ヤクルト関連会社を辞めて参加した。永松が社長を辞任する前から、本社や製造工場で成り行きを見守っていた〝同志〟たちである。

「あの永松社長が辞めるとは、信じられんことだ。そんな会社に未練などはない」

「松園の押しつけ販売や、高圧的で強引なやり方にはもう我慢ならん」

強制的なノルマを消化できない販売店の中には、ドラム缶に入れたヤクルトを引き取り、川に流して捨てたという話も伝わっていた。

いざ永松がいなくなると、会社への疑念、将来への漠然とした不安を訴える声が、各地から噴出した。

同年六月、福岡の知人で九州製糖社長・板波俊太郎が永松に協力して、大手商社系のクロレラ工業（本社・東京）を設立した。社長は板波である。

工場を愛知県豊田市に造った。広いクロレラ培養池を造り、約三万平方メートルの用地に建設費約二億円をかけた。クロレラの本格製造工場としては、世界初のことだった。

クロレラの効能について、その後の武智芳郎らの研究から、さらに画期的なことがわかってきた。クロレラはタンパク質含量の多さ、ビタミンの種類の豊富さ、簡易な摂取法などから注目され、当初は食料資源そのものとして期待された。さらに加えて、武智らによって食品への多様な応用が可能になったのである。

それはＣＧＦ（クロレラ・グロス・ファクター）の発見だった。「クロレラ成長因子」と名付けられ、抽出にも成功したのだ。これは動植物の成長を促進するほか、食品の栄養価を倍増し、乳酸菌、酵母菌などの繁殖率を高める効果などをもつことがわかり、活用の幅が大きく広がった。また、東京寄生虫予防協会京橋診療所が、胃潰瘍《いかいよう》、十二指腸潰瘍、胃炎などの治療効果を発表し、さらに老化防止、疲労回復などの効用も証明された。

「これを既存の製品に添加すれば、新しい食品として提供できるじゃないか」

「正に世紀の発見だ」

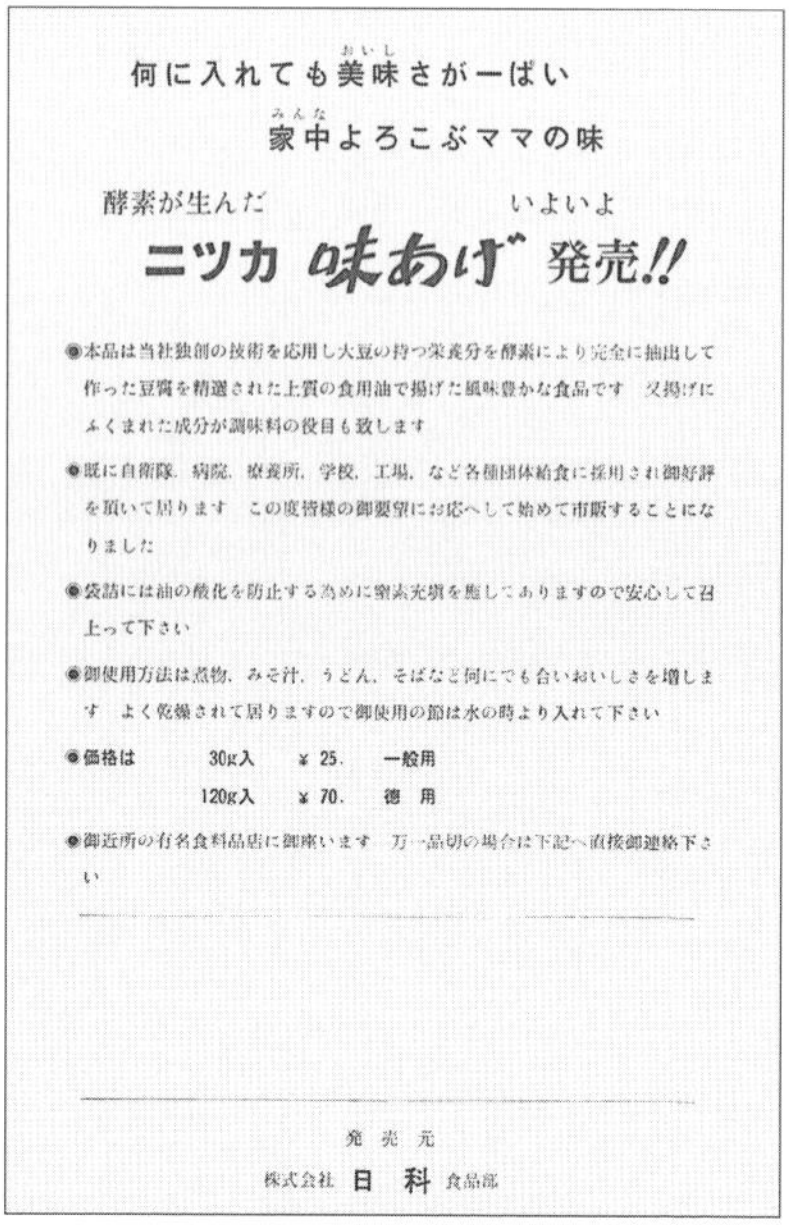
何に入れても美味《おいし》さがいっぱい

家中《みんな》よろこぶママの味

酵素が生んだ　いよいよ

ニツカ 味あげ 発売!!

◉本品は当社独創の技術を応用し大豆の持つ栄養分を酵素により完全に抽出して作った豆腐を精選された上質の食用油で揚げた風味豊かな食品です　又揚げにふくまれた成分が調味料の役目も致します

◉既に自衛隊，病院，療養所，学校，工場，など各種団体給食に採用され御好評を頂いて居ります　この度皆様の御要望にお応へして始めて市販することになりました

◉袋詰には油の酸化を防止する為めに窒素充填を施してありますので安心して召上って下さい

◉御使用方法は煮物，みそ汁，うどん，そばなど何にでも合いおいしさを増します　よく乾燥されて居りますので御使用の節は水の時より入れて下さい

◉価格は　30g入　¥25.　一般用
　　　　120g入　¥70.　徳　用

◉御近所の有名食料品店に御座います　万一品切の場合は下記へ直接御連絡下さい

発売元
株式会社 日科 食品部

クロレラの宣伝チラシ

「薬品にも応用できるぞ」

永松たちは興奮した。自分が描いていた「安全で安価なクロレラ食品」の誕生である。永松らはＣＧＦを、タンパク質、脂質、炭水化物、ビタミン、ミネラルの五大栄養素に次ぐ「第六番目の栄養素」と呼んだ。

クロレラ工業は同年九月から、操業に入った。乾燥クロレラを月産一トン、ＣＧＦ水溶液を月産二〇キロリットル生産した。これを日科が販売する。

永松は日科を設立後、全国各地に日科の販売組織網づくりを急いできた。九州、中国、関西、関東、中部など、全国のブロック単位に日科の販売子会社「○○日科」を設置した。

クロレラの粉末は、ちょうど青ノリや抹茶のような色合いと香りがする。永松らが製品としてまず初めに手掛けたのが、粉末を固めた栄養保健剤としての錠剤である。さらに粉末やＣＧＦ水溶液を、いろんな食品に添加するように販売網を広げていった。

どちらかと言えば業者向きだった粉末や水溶液は、油揚げ、豆腐、花かつお、パン、うどん、ラーメン、かまぼこ、ハチミツ、キャンディなど、多方面の製造会社に広がっていった。そして、その製品も日科を通して販売した。

例えば千葉県船橋市に設立した東京日科が「ニッカの即席栄養食品」のキャッチフレーズで販売した「クロレラ入り酵素揚げ」の宣伝内容は、次のようなものであった。


召し上がり方。

十分乾燥してありますので、煮炊きには水の時から入れて下さい。何に入れても味がよくなりますが、特に煮物、みそ汁、うどん、そば、ラーメンなどに合います。またフライパンで炒め、塩、胡椒で味付けしますとビールのおつまみに最適です。

プレット戦争

昭和三十九年十二月、粉末、水溶液に少し遅れて準備が整い、いよいよヤクルトに対抗できる乳酸菌飲料の「クロレラ・プレット」を発売した。

「夢に描いた栄養素《クロレラ》を　毎日お届けすることできるようになりました。その名はクロレラプレットです」

チラシが家庭や事業所、工場、病院、商店などにばらまかれた。

扱い慣れない錠剤販売と違って、飲料となると、各地のヤクルト販売店の中からもプレットに切り替えるところが相次いだ。

プレットの発売に当たって、永松は全国の各ブロック会社ごとに綿密な協議を重ねた。その場にはプレットへの切り替えを考えているヤクルト販売店も招いた。ヤクルトとどんな違いがあり、どんな点がプレットの方が優れているのか。プレット販売に乗り替えるための法的な手続き、トラブル対策などを説明した。永松の経験と知識が参加者に信頼と安心を与えた。

ここで永松が彼らに強調したことは、

「ヤクルトに使用しているクロレラは、主に乳酸菌の増殖用だから少量だ。クロレラの真価は、エキスともいえるCGFの栄養価が高いことにある。プレットはCGFをふんだんに使った飲料だから、非常に優れた効能を持つ。いずれヤクルト事業は、発展的にクロレラ事業に吸収される道をたどることになる」

という確信だった。

また、こう言って鼓舞もした。

「人間の生命に限りがあるように、企業にも衰退がある。時代の発展に対応した我々は食料産業のフロンティアである」

乾燥粉末やCGF水溶液は、児童の成長促進に欠かせないとして、福岡県下のすべての小中学校をはじめ、給食の食材に混ぜて利用する学校が増えた。

クロレラ工業の板波社長は、この年の十一月、マスコミに対して「生産が追い付かない。来年の四月までに九州地区にもクロレラ増産の工場を建設する」として、豊田工場の十倍規模の工場建設を発表した。

一方、永松の新たな事業展開を危惧していた松園は、プレットの発売に呼応して各地でヤクルトからプレットへと販売を切り替える動きの広がりに焦った。しかもこのころ、永松が松園にあれだけ厳しく禁止していたマンガンが、実際にヤクルトに使用されているという風評が各地で流れ、ヤクルト本社は一大危機を迎えた。

「クロレラ・プレットこそが、マンガンなしの本物だ」

このため、ヤクルト側は永松のプレットを徹底して排除する作戦に打って出た。昭和四十年四月、指揮を執った専務の松園は社員に檄を飛ばした。

「やつらの十倍の人出と、一〇〇倍の金を出してプレットをたたきつぶせ」

この当時の山口県下の戦いの様子が『ヤクルト75年史』には、次のようにある。


一夜にして十五万本がヤクルトからプレットに切り替わり、県下に十四あった営業所のうち、十一営業所がプレットの傘下に入るという大騒動に発展した。

これに対してヤクルト側も、全国の営業社員を山口に集結させて人海戦術で巻き返しを図り、数日を経ずして八万本余りを奪還した。

同じような〝プレット戦争〟が、愛知、福岡、岡山、島根県下などでも激しく戦われた。島根県太田市では、人口二万人程度のところに、四〇〇人以上のヤクルト営業員が集結し、連日の誹謗・中傷合戦。加えて約一〇〇台もの貸切バスや宣伝カーが入り乱れて町を走り回り、家人が出てこない家庭には、鉛筆や風船などをばらまいて宣伝した。

この時、太田市でプレット防護に活躍したのは、昭和二十五年に上京中の列車内で永松と出会い、彼の話に感動して永松を師と仰いで慕い続けてきた、田中美穂だった。

ヤクルト側は販売店の切り崩しを防ぎ、造反者の引き留めに躍起となった。なりふり構わずいろんな手を使った。

松園は、日科の複数の幹部社員たちにも懐柔の手を回した。

ある日、日科の経理部長職にあった永松の長男を、松園の使者という男性が訪れて言った。

「こんな小さなところは辞めて、ヤクルトに入社しませんか。あなたなら将来は必ず大幹部を約束しますよ」

この幹部は、かつては永松の部下であり、長男もよく知る人物だ。もちろん長男は一笑に付したが、そのあまりの図太さに相手陣営の必死さを思い知らされた。

この戦いで、ヤクルト側は日科をつぶすことはできなかったが、商社系のクロレラ工業が事態の収束に動き、その後、日科はクロレラの供給源を失ったのである。

このため日科は、クロレラ事業に関心が高かった台湾の現地資本と提携して台北に広大なクロレラ培養工場を設立し、輸入することで事業を継続した。

プレット戦争は、一時のドロ沼状態から次第に小康状態に入った。

しかし永松にとってどうしても捨て置けないことは、この戦いの中で改めて浮上した、ヤクルトのマンガン使用である。単にうわさではなく、マンガンを使うヤクルト工場の存在がはっきりした。それはある録音テープを入手したのがきっかけだった。永松が退陣した後の昭和三十八年六月、熊本でヤクルト業者の会議が開かれ、そこで講演した専務の松園は、自らマンガンを使用したと発言していた。

「松園には、かつてマンガン使用を厳しく諌めたはずだ。絶対に放置してはならない」

永松は独自に調査、証拠資料の収集を始めた。

業務提携した台湾緑藻工業会社の前で幹部たちと（右から３番めが永松）

台湾緑藻工業会社のクロレラ培養池

ヤクルト商標権返還訴訟

日科を設立した昭和三十九（一九六四）年の十二月、ついに永松は伝家の宝刀を抜いた。永松はヤクルトに対して、「ヤクルトの商標権返還」を求める文書を送った。これはヤクルト側から永松に対して求められた「クロレラ開発特許の返還」への対抗措置であった。

「まさか」という思いのヤクルト側は、「ヤクルトの商標権は、すでにヤクルト本社が設立した時に本社に譲渡されている」として直ちに反論した。

これを予想していた永松は、翌四十年五月、「ヤクルト商標権返還請求」（正式には「商標権移転登録請求」）を東京地裁に提起した。ヤクルトと日科が激しいプレット戦争を繰り広げている最中のことである。

永松の言い分はこうだ。

ヤクルトの商標権は、昭和十三年に永松個人名で登録している。しかし同三十年にヤクルト本社を設立した当時の商標法では、商標権を他人に貸与することができなかったので、仕方なくヤクルト本社名義に変更したのだ。その際に、「永松に使用料を支払い、将来永松が退職する場合には、いかなる理由があっても返還する」という契約書を作っていた。ところが、永松には使用料の支払いは行われてこなかった。松園らが、永松の職権乱用のように主張する「日本クロレラなどに投資した金」は、その未払金相当額である。

これに対して、ヤクルト側の反論を『ヤクルト75年史』に見てみる。


ヤクルトは「ヤクルトの商標権はすでにヤクルト本社に譲渡されている」旨の「商標権移転に関する証明文」を永松側に直ちに発送した。

さらに「商標権は永松が所有していたが、ヤクルト本社設立の際、代田の乳酸菌分離培養に関する特許権とともに、本社に譲渡されているはずだ。後の株主総会でも十年間の割賦で総額一億二千万円で買い取ったと確認されている」と反論した。

加えて、裁判でも「代田、永松両氏の有する特許権、商標権、意匠権、実用新案権及び営業権並びに特許又は登録を受ける権利、並びに商標登録出願から生じた権利を、ヤクルト本社が継承する」とした株主総会議事録などを提出した。


つまり、永松から買い取り、すでに解決済みであると主張したのである。

裁判は、ヤクルト側が徹底した引き延ばし作戦に出て、長期戦になった。同じ内容の問題に関して、二度も三度も裁判が開かれた。反論が反論になっておらず、揚げ足取りや引き延ばしの材料に利用されもした。

これに対して永松側は〝プレット戦争〟を挑まれた中での戦いとなり、闘争資金の潤沢なヤクルト側から兵糧攻めにあったかの如くに、苦しい戦いとなった。それが松園ヤクルトの狙いでもあった。

膠着状態から大きく動いたのは、一つの印鑑だった。

永松に返還を約した契約書にはヤクルト本社役員の署名捺印をしていたが、一人の役員が印鑑を所持しておらず、署名だけであることが明るみになった。それは代田だった。署名当時の永松は将来問題になるとは予想もせずに、しかも信用する代田のことだし、うっかりそのままにしておいたのだ。しかし、それをヤクルト側に鋭く突かれて、契約書の有効性の論議になった。

永松はこうしたまどろっこしい裁判の成り行きに、体調を含めて不安を感じていた。提訴からすでに四年。性格的にも、人の粗探しをするかのような、ヤクルト側弁護団の陰湿さが性に合わない。永松はこれ以上の長期化を望まなかった。あくまでも勝利を確信する弁護団に言った。

「先生方にはご苦労をおかけしてしまいました。こんなに無駄な神経と時間を使うくらいなら、もう過去を忘れて新しい気持ちで次に踏み出したいと存じます」

四年以上の闘いに終止符を打ち、昭和四十四年三月、ヤクルト側の和解申し入れを受け入れることにした。和解金は一億八〇〇〇万円だった。同年のヤクルト本社の純売上高は二六二億七三〇〇万円、経常利益は二十億一七〇〇万円に上っている。世間や業界内では「ヤクルト側は粘り勝ちした」とうわさになった。この時、松園は副社長になっていた。

マンガン論争

プレット戦争と商標権返還訴訟は、時期的に並行していくかたちになったが、そこには共通する懸念があった。それが先のマンガン問題である。つまり、プレット競争では、禁止されたマンガンを乳酸菌の培養に使用しているかいないかが、一つの争点となった。一方、商標権返還訴訟では、ヤクルトからクロレラ開発特許の返還を求められた永松が、「マンガンを使用するような会社に、自分が創業した企業名を使用させない」という強い意志が働いていたのだった。

マンガンは土や淡水、海水などに広く分布する元素で、食品や動植物内にも存在している。通常の食生活では、ほとんど気にすることはないが、過剰摂取の場合は精神障害や中枢神経障害などが指摘されている。食品衛生法では、マンガンは食品添加物には認められていない。過マンガン酸カリウムは醸造用水から鉄分や有機物を除去するために、この当時、合成清酒、焼酎などに量を限定して使用できた。しかし現在は、食品衛生法の改正で禁止されている。

永松は、腹からこみ上がる怒りに震えが止まらなかった。

松園に対しては、過去数々の不祥事にも「まあまあ」と目をつぶってきたが、今度という今度は、彼の人としての生き様に嫌悪と憤怒の炎を燃やした。

松園の商魂と意欲と頭の切れは見上げたところがある。だからこそ、後継の道筋を譲ったのだ。しかし……。

「あの裏切り者!」

永松は自ら、ヤクルトのマンガン使用の実態を調べ上げた。かなりの証拠資料がまとまってきた。

永松は、これをもとに告発の方策を練っていた。コトは重大で急がねばならない。だが一方で、自ら育て上げたヤクルトを告発することに、躊躇があった。

彼には、相手を引き込む豪放磊落さの一方で、義侠心というか〝川筋男〟の持つ義理人情をどうしても捨てきらない。「俺が我慢さえすれば」「ここは相手を立てよう」などという、一種の自虐的傾向がある。彼を知る人は、それを「永松の人のよさ」だという。商標権返還訴訟の和解でも、それはうかがえた。

「これだけの証拠があれば、マンガン使用をやめさせられる」と義憤を覚える永松と、「あえて表沙汰にしなくとも」と思うもう一人の永松との悶々とした日々でもあった。

マンガン使用に対して、永松が人一倍強く憤るには背景があった。

昭和三十年の半ばごろから、西日本一帯を中心に森永乳業の粉ミルクを飲んだ多くの乳幼児が死亡したり中毒になったりする事件があった。ヒ素を大量に含んだ工業用薬品を製造段階で誤って使用したのが原因だった。翌年の厚生省の発表では、患者は一万人を超え、一三〇人もの子供の命が奪われた。

健康食品を提供する立場の永松にとって、衝撃的な事件だった。しかも永松が生まれ育った九州では、昭和二十年代から手足がしびれる、体が震えあちこちが痛む、言語障害を起こすなどの症状を訴える原因不明の病気が熊本県水俣市周辺に広がっていた。この原因はチッソ水俣工場からの工場排水で、それによって汚染された海で捕れた魚介類を食べた住民が被害に遭った。メチル水銀化合物（有機水銀）という原因物質の特定はのちになるが、熊本県が水俣病として公式に認めたのは、昭和三十一（一九五六）年五月である。

永松はこうしたニュースを知るたびに、従業員には食の安全性や生産工程の衛生管理などを徹底するように改めて厳しく指導していた。

ある時、ヤクルトでの永松のかつての部下が訪ねてきた。プレッット戦争時に、松園の使いとして永松の長男に懐柔の手を伸ばしてきた男だった。偶然にも、ヤクルトがマンガン使用をしている実態を、訴えてきたのだ。

だが、永松がよく聞くと、松園に解雇された恨みからの告発である様子が見て取れた。

永松は相手の話に合わせて、自分が集めた資料も見せながら話し込んだ。しかし、相手に情報提供の見返りとして金銭的な目的が感じ取れたために、一緒に告発することを見合わせていた。ところが相手はその後、勝手に国会議員へこれらの情報をすべて売り込んでしまったのだ。全国数か所で地方検察庁に刑事告発がなされた。

昭和四十二年九月八日午前十一時、衆議院社会労働委員会が始まった。質問に立ったのは、福岡県選出・社会党の河野正である。河野はもともと医師なので、健康飲料の製造法、食品衛生法と添加物、厚生省の監督責任など、人への健康被害の面から質した。環境衛生局長や坊秀男厚生大臣は、食品衛生法違反としての詳細な調査を約束した。

新聞各社は、その日の夕刊や翌九日の朝刊でこれを報道している。特に河野の地元の「西日本新聞」は、九日朝刊一面に五段見出しで「事実なら厳重に処分　河野氏追及に厚相答弁」と大きく伝えている。

「西日本新聞」によると、河野は「『強力調整液』との名目でマンガンを使用、マンガンを買い込むときも他の名前を使い、仕入れ先にも用途を秘密にしていた」と悪質性を追及した。

さらに河野は「三十八年六月熊本でヤクルトの業者大会が開かれたとき、マンガンを使っていることを発表している。また四十年ヤクルトの元重役らが厚生省にマンガン使用を問い合わせたとき、厚生省は〝食品衛生法違反だ。そんなことをすれば重大な政治問題にもなる〟と答えている」として、厚生省の怠慢を厳しく指摘したのである。

これに対してヤクルト側は、同委員会の後、専務の松園ら幹部がヤクルト本社で記者会見して反論している。これも「西日本新聞」の記事を引用する。

「まったく事実無根だ。（略）疑わしいなら立ち入り検査でもなんでも、してほしい。（略）ヤクルト自体の製造過程でマンガンを使ったことはない。ただ、クロレラを安く培養するタンク培養法をうちは開発したが、クロレラを増殖させるため、ブドウ糖やマンガンを投入している。だが、これはクロレラが吸収してしまうので、薬品のマンガンとは異質なものになり、クロレラをヤクルトにまぜてもマンガンの有害作用はない」

こうした反論のうえで、松園は次のように言い切った。

「永松氏はわたし（松園専務）が解任したが、そのうらみだろう」

この強気な発言に、会見場にいた報道陣は一様に驚いた。なぜなら、永松の辞任は自発的なものであり、しかも当時の松園はまだ一取締役に過ぎず、解任できる立場ではなかったからだ。

このマンガン問題は、翌年の昭和四十三年三月十五日、同じく衆議院社会労働委員会で山口県選出、社会党の山田耻目《はじめ》が追及した。

厚生省が約束した食品衛生法違反としての調査結果について、厚生省は「最終の製品については、心配するようなマンガン量は検出されなかった」と答えた。しかし、製造工場によって数値に大きな開きが見られた点を指摘され、結局、厚生省側は「クロレラ培養の段階でも、マンガンの使用について行政指導する」と答えている。

国会で論議された後、永松は再度自らヤクルト側の責任について、法的に追及する構えを見せたが、商標権返還訴訟も係争中であり、断念してしまった。

ヤクルトの名誉のために、ここで断っておきたい。

ヤクルトはマンガン問題が国会で取り上げられた三日後の九月十一日付の新聞広告で「ヤクルトご愛飲のみなさまに」と題して社告を出している。


日ごろ、保健飲料クロレラヤクルトをご愛飲いただき、厚くお礼申し上げます。

さて、八日の一部の新聞に衆院社労委で「有名乳酸菌飲料にマンガンが添加されている」旨の追求がありました。これにより、みなさまに種々の御心配をおかけしていることと思います。

一口にいって、クロレラヤクルトのビン一本に含まれるマンガンの量は牛乳一本分とくらべて四分の一以下。まったく問題はありません。

マンガンはふつうの元素で、野菜や白菜、水道の水にも含まれています（略）。

ヤクルトでは、有益な乳酸菌の発育を促す目的でクロレラの有効成分を利用しています。このクロレラの成育のために〈肥料〉として微量の鉄、銅、リンなどと共にマンガンも必要とします。

これはあくまでもクロレラを育てるためのもので、製品に添加するものとはまったくちがいます。

マンガン自体は、人体にとって成長、増骨、生殖などに欠かせない栄養素の一つになっています（略）。

ヤクルトではいつも十分な品質管理を心掛けております。


さらに『ヤクルト75年史』には、「坊秀男厚生大臣が閣議で、ヤクルトのマンガン含有量は水道水の基準以下で衛生上無害と報告、また、業界紙も軽率報道を陳謝する訂正記事を掲載してこの一件は終息した」とある。

マンガン問題が実際に表沙汰になったのは、永松がヤクルトを退陣した後であったが、同様のヤクルトの食品添加物問題は、ほかにも指摘された。

同じ昭和四十三年三月十五日の衆議院社会労働委員会で、社会党の山田耻目が追及した。

一つは工業用カゼイン、一つはデヒドロ酢酸のヤクルト商品への混入についてである。

カゼインは牛乳を温めた際にできる薄い膜状のもので、牛乳に含まれるタンパク質の八割を占めている。食用のカゼインは、食品添加物として水に溶けにくいものを溶けやすくしたり、栄養強化剤などに使われる。一方、ノリなどの接着剤の原料になる工業用カゼインは、輸入税がかからないから安い。山田はそのへんの事情を踏まえて、

「脱脂粉乳の輸入が制限されていた中で、工業用カゼイン輸入が増大している。乳酸菌飲料や牛乳製品に混入しているのではないか」


と質した。

しかし厚生省ののらりくらりした答弁は「早急に調査する」としただけで、これもまたそれ以上の議論はなされていない。

さらに防腐剤として使われているデヒドロ酢酸は、当時一キログラム当たり〇・〇四グラムまでの使用は認められていた。ところが使用量の実態は、これも工場によって実にバラバラである。原液を製造した段階か、そのあと希釈して瓶詰めする段階かによっても、工場で違っていた。

山田の追及に対し厚生省側は、昭和四十二年に都道府県が行った立ち入り検査報告で、デヒ

ドロ酢酸の食品衛生法違反がある実態を認めた。

消費者の間に、食品や食品添加物の安全性に対する関心が高まってきた中で、四十三年には西日本地域でカネミ油症事件が発生した。

北九州市のカネミ倉庫株式会社が製造した食用油に、脱臭工程で使ったポリ塩化ビフェニル（ＰＣＢ）やポリ塩化ジベンゾフラン（ＰＣＤＦ）が製品に混入した。夏ごろから、吹き出物や皮膚の色素沈着、関節痛、全身倦怠感など様々な障害を訴える人たちが広がった。皮膚の黒い赤ちゃんが生まれて、事態の深刻さをうかがわせた。

日本経済は、昭和三十年代から四十年代にかけて高度成長の波に乗り、神武景気、岩戸景気と続き、三十九年の東京オリンピックと四十年の大阪万国博覧会に向けた建設需要がさらに好景気を生んだ。当然のように消費は拡大し、スーパーマーケットに代表される量販店が次々に出現した。仲売りを介さないで直接小売りする「流通革命」の到来である。企業は大量消費に大量生産で応じ、クーラー、カー、カラーテレビの〝新三種の神器〟がもてはやされたのもこのころだ。

その陰で消費者の「食の安全と健康の安心」は二の次で、「物が売れればよい」時代だった。ヤクルトのマンガンなどの添加剤問題も、時代背景から来た〝警鐘〟だと、識者などから指摘された。

その後の松園とヤクルト

昭和三十八（一九六三）年三月、永松の社長辞任で専務に昇格した松園は、次々に改革と称した独自路線を歩んでいった。会長に退いた永松には、もはや相談も報告も必要がなかった。社長の代田に代わって、実質的な〝社長業〟を取り仕切ったのである。

翌三十九年三月には、その後の海外進出の足がかりとして、台湾ヤクルトが営業を始めた。同年十月のオリンピック東京大会では、協賛企業として参加、合計一〇六万本のヤクルトを無料提供した。海外展開への売り込みでもあった。

先に見たように、プレット戦争では松園は永松を相手に、〝ヤクルト軍団〟の総指揮を執った。ヤクルトの容器を瓶からプラスチックに切り替える社内論議では、その強引さが仇になって、一時専務から身を引いたものの（昭和四十三年五－十月）、すぐに復帰した。

復帰して早々にプロ野球球団サンケイアトムズ（現・東京ヤクルトスワローズ）を買い取り、昭和四十三年十二月、松園がその球団社長に就任した。これは当時、産経新聞社長で、球団のオーナーでもあった水野成夫が経営難から手放すことにして、昔から仲のよいヤクルトの南喜一会長に持ちかけた話であった。翌四十四年には、大規模な組織改革を行い、販売店や瓶詰工場の協同組合と全製協の組織、工場を解散し、最終的には本社に吸収合併した。永松色を次々と一掃していったわけである。

こうして昭和四十五年三月、松園はついに成るべくして社長になった。

その象徴的イベントともいえるのが、同年六月に行われた本社ビル地鎮祭だった。本社設立以来の間借りの状態から初めての自社ビル（東京都港区東新橋一丁目）建設が動き出したのだ。地鎮祭のあとのヤクルト大会のあいさつで、松園は、本社ビル建設を契機に「総合健康メーカーとして精神的な健康を届ける」と述べ、利益の一部を社会に還元する考えを、初めて表明したのである。当時としては大変斬新な経営方針で「名実ともに素晴らしい会社」を目指した。

翌年着工し、同四十七年九月に竣工したビルは、地上十四階、地下二階、総床面積一万一六〇〇平方メートル。一階には展示や催事用のエキシビションホール、ヘルスカウンセラーコーナーなどがあり、二階から五階までには文化や芸術との接点としてのヤクルトホールを備えた。

この本社ビル建設の最中の同四十六年七月には、ヤクルトに次ぐ主力商品として「ジョア」を発売、これを契機に次々と新しい商品を展開させた。

社長就任前から、機を見るに敏な松園は、儲かると思えば突き進んだ。化粧品事業、ハウジング事業、医療品発売など手を広げ、新規事業を展開した。ラーメンや豆腐販売までも手掛けた。

ラーメンは、昭和四十年、佐賀県の神埼そうめんの会社を佐賀県ヤクルト販売会社が吸収合併して販売を始め、クロレララーメンを販売した。永松がクロレラ入りのプレットの販売を開始したころで、クロレラに対する注目が集まり全国的な普及が喧伝されていた。ヤクルト販売は、昭和五十年三月、ヤクルト食品工業に社名を変更、その後、ヤクルトの完全子会社になっている。

豆腐事業は、昭和四十九年一月、乳業機械メーカーと共同開発して無菌充填豆腐を一日三万五〇〇〇丁製造すると発表。四国、近畿、京阪神、東海、東京、九州向けに一日八〇〇〇丁製造販売された。ところが、既存の豆腐製造業者との軋轢や、大企業による中小企業圧迫だという議論を呼び、国会でも取り上げられ、結局、翌年八月に撤退している。

事業の多角化

永松がヤクルト本社を設立した昭和三十（一九五五）年、日本は九％という経済成長率を示し、国際収支は五億ドルの黒字に転じて、物価も安定した時期に入りつつあった。

日本住宅公団が設立されたのは、この年の七月である。どうにか働くことができるようになったが、住むところがない。そうした都市の住宅困窮者向けに安心した住まいを提供する狙いであった。土地を有効活用するために、四、五階建て、一所帯あたりの広さは、部屋が二つとD（ダイニング）とK（キチン）が一緒になった2DKタイプが定番になって、分譲、賃貸で供給された。これが当たった。団地族という言葉が生まれ、ブームが到来した。

生活が少し安定してくると、集合住宅から一戸建てへの需要が高まり、マイホームを対象に住宅メーカーが次々に誕生した。国産木材では需要に追いつかないので、自由化された輸入建材を使ったり、合板や鉄骨構造などを工場生産したりして、新しくプレハブ住宅が普及してきた。

そうした時代背景の中で、ヤクルトも「安い住宅を一般向けに提供する」として、昭和四十六年、ヤクルトハウジング株式会社を設立した。当時、アメリカで脚光を浴びていたゼネラル・エレトリック（GE）社のモジュラーハウスを導入したのである。技術援助契約を済ませ、「ヤクルトホーム」として売り出した。

一階はリビング、ダイニング、キチン、二階は寝室、子供部屋、書斎、浴室。断熱や防火性に富むという、理想的なマイホームの登場である。

この時、松園は記者会見で胸を張って言った。

「居住性、安全性、耐久性に富み、大量生産によるコストダウンにより、広く大衆の要望に応えたい。総合健康産業の担い手として邁進する」

翌年、ヤクルトゼネラルハウス工業を設立して、国内製造に乗り出した。これをヤクルトハウジングが施工して、ヤクルト本社のハウス事業部が販売する仕組みだ。福岡県田川郡糸田町の工場団地に広大な九州工場を造り、年間一五〇〇棟を販売する目標を立て、福岡、愛媛、滋賀、埼玉、千葉など、各県下に分譲販売を広げていった。

ところが決定的な判断ミスが明らかになった。日本サイズとアメリカサイズの相違だ。

確かにモデルルームに見る広々とした空間や近代的な間取りなどは、合理的で住みやすい新時代の住宅を感じさせた。しかし広大なスペースのあるアメリカで建設するのと違って、住宅公団の2DKサイズを見慣れた庶民にとって、核家族には少し広すぎる印象がある。しかも九〇%以上が工場生産されるだけに、大型建築資材を運搬するうえで、日本の狭い道路事情がネックになる。周囲の住居環境が違いすぎたのだ。

四季変化する日本の気候風土の中で、臨機応変に順応型の技術を施した日本家屋との違いは歴然で、そのうえ価格が高いことが決定的だった。

さらに、次第に居住性や生活環境に配慮したマンションが登場するようになり、約二〇〇〇戸を販売して、ヤクルトはハウジング事業から昭和五十三年に撤退した。

戦後の資源・資金難から、代田研究所下関工場が昭和二十三年に閉鎖されたあと、代田は「クラブ化粧品」の中山太陽堂社主・中山太一の好意で、そこの研究部に招かれている。ここで代田が、乳酸菌培養液から美容的有効性成分を発見したのが、のちのヤクルト化粧品の事業の始まりとされている。これを化粧水や保湿クリームなどに製品化して、昭和三十年ごろから一部地域で販売されていた。

これを知った松園は、まだ永松社長時代の昭和三十六年、自ら経営する関東ヤクルト製造で引き受け、化粧品の製造販売に踏み切った。

『ヤクルト75年史』によると、化粧品製造販売はヤクルトグループ内だけとしていたが、六年後には製品の種類を三十五種類まで増やし、六五八三万円を売り上げている。

その将来性を見通して、松園がヤクルト社長に就任後の昭和四十六年から、本社事業として化粧品事業に本格参入した。

「大手メーカーは二十―五十歳代と幅広いが、うちは二十、三十歳代がターゲットだ」

松園の目の付け所は違っていた。

ヤクルト本社は同五十五年一月、東京証券取引所の市場二部に株式上場し、翌年七月には同一部に上場した。

視点を替えて、少し松園の私的面を見てみよう。

松園には数々のエピソードが伝わる。趣味は麻雀とゴルフだった。ゴルフは、業界内外との人脈づくりや情報収集の場、あるいは政治家と親しくなる手段として、松園が最も得意とした「ビジネスの場」でもあった。有名だったのが「手の5番」。ボールがラフや木の根っ子に止まって打つのが難しい時に、こっそり手を使って放り投げたり、打ちやすいところに動かしたりすることだ。当然、反則行為だが、それを許されるところが、彼の人柄だったのだろう。

プロ野球の球団オーナーでありながら、他球団に好意ある発言をしたり、自球団が最下位に転落した時には、主力選手十五人に命じて、ヤクルトレディと一緒に乳酸菌飲料を売り歩かせたりするなど、奇抜な言動も見られた。

昭和六十二（一九八七）年、くも膜下出血で倒れたが、松園なくしてヤクルトの今日の発展はなかったのは確かだろう。

過去に、松園体制下での松園自身やヤクルト本社に対する不平不満が、文書や出版物などで指摘されたこともある。その真偽、真相について、ここで触れるつもりは全くない。永松、松園という二人を通して、ヤクルトを誰が何時、創業し、どう発展してきたかを伝えたいからである。また、今日のヤクルトを揶揄する意図ももとより全くない。

ちなみに今日のヤクルト本社は、昭和四十七年に株式額面変更目的で昭和三十年に設立した旧本社を吸収合併している。

＊亀戸事件　大正十二（一九二三）年九月一日に発生した関東大震災後の大混乱の中で、同月四日、東京府南葛飾郡亀戸町で労働運動家ら十人を警察官が逮捕し、軍隊に引き渡して殺害した事件。隠蔽したが、十月十日に明るみになった

知命

永松の死

家族のこと、父親として

永松の家系をここで改めて整理しておこう。

江戸から続く宇佐の米問屋に生まれた姉妹が、二人とも北九州の若松に嫁いだ。姉ナツが嫁いだ安田橋二郎の二男に生まれたのが昇。妹チヨが嫁いだ尾崎寅之助との間には子供が生まれなかったため、政子を養女にした。

宇佐の米問屋は姉妹の兄・永松雄太郎が継いだが、ここにも子供がいなかった。安田橋二郎の二男昇が八歳で母ナツの実家・永松家の養子となり、永松昇となる。

永松昇は、尾崎家養女の政子と結婚した。結婚後は、若松の尾崎家で義理の両親と生活した。そして二男三女に恵まれた。その第一子（長女）と第二子（長男）は、尾崎家の養子になった。昭和十七（一九四二）年に、尾崎寅之助が死去すると、チヨと永松昇一家は宇佐のチヨの実家に戻った。戻ったというのは、実家の雄太郎は昇の結婚前にすでに他界して浜屋は廃業。家、屋敷は昇が相続していたからだ。この間、実家は雄太郎の妻シナが一人で守ってきた。昇の上の子二人は、養子になった尾崎姓、下三人は永松姓だから、受け入れたシナもややこしい。

にぎやかになったが、一家の大黒柱であるはずの昇は、ヤクルトの製造・普及などに東奔西走して、ほとんど宇佐には帰らず、昭和二十七年からは単身上京してしまった。その翌年、永松の長女が東京の大学に合格して上京した。

このころ、永松は神奈川県川崎市内の知人宅に居候していた。永松は気が向いた時に我流の尺八を奏でること以外に特段の趣味を持たず、仕事一点張りだったが、唯一、麻雀は若いころから自然に身につけていた。

戦中戦後の食糧難の時期には、食べ物を当てにしたのか、宇佐の実家には来客が多かった。その時には決まって麻雀卓を囲んだ。永松のまだ幼かった子供たちも、喜んでこれを観戦しながら、中にはルールを自然に覚えた子もいた。来客は、代田のように何日か泊まっていくヤクルト関係者や、経済人、マスコミ、文化人など、永松の交友の広さを示すかのように全国各地から訪れた。

永松が世話になっていた川崎の家の夫婦も、そろって麻雀が趣味だった。この地は、江戸時代には宿場町としてにぎわい、その後、商業地として目覚ましく発展して今日の繁栄を形成した。永松が誘われて加わった麻雀には、土地柄からか、芸者、水商売の女性が多かった。しかも朝から一日中行われていた。

麻雀仲間の中で、永松に実家を提供したのがS子だった。

永松から娘が上京すると聞くと、

「私の家では両親と兄と一緒に生活しているので一人暮らしさせる心配がない。広いし部屋は余っているから、娘さんの学校にも通える距離だし、いいじゃない。父娘一緒に住んだらいい」

との誘いに乗ったのだった。

二年後に永松はヤクルト本社を設立する。ほとんど宇佐の家庭を顧みることがなかったころだ。その後、永松は間借りしたS子の家近くに自宅を建設した。そこに宇佐から家族を呼び寄せる予定だった。

妻の政子は、温厚な性格だった。夫との遠距離生活にも耐え、歌舞音曲に興味を持ち、とりわけ、能に造詣が深かった。

宇佐の実家は、すぐ近くの宇佐神宮に連なる表参道に面し、宇佐一番の繁華街にあった。昔から商家、職人が密集していた。神社の祭典の数は年間一五〇にも上り、それだけに地元民は一年を通じて宇佐神宮とのかかわりが強く、神事や祭典に氏子として積極的に加わっていた。「浜屋」がある並びの町域にも、「神能」に携わる人たちが多く集まっていた。「神能」とは、氏子たちが中心になって演じ、奉納する能である。

各地の寺社などに伝わる猿楽や田楽が能と呼ばれるようになったのは、室町時代である。その応永年間（一三九四－一四二七年）には、すでに能舞台が宇佐神宮には設けられていた。

徳川時代の元和年間（一六一五－二四年）に、小倉藩の細川忠興が新しい能舞台、能面、能衣装などすべてを宇佐神宮に奉納して、神宮の「神能」として再興した。以降、例年十月末に、田畑の安全と豊作を祈願する風除報賽祭《ふうじよほうさいさい》で奉納されている。観世、宝生、金剛、金春、喜多の能楽五流派のうち観世流とのつながりを深くしているので、個々の流儀は「宇佐観世」と特別に呼ばれている。

政子のころの演者は、舞、囃子、地謡すべてを氏子たちが務めてきた。「浜屋」も代々神能を受け継いでおり、かつては雄太郎がワキ役で出演したこともある。政子は囃子方で、小鼓を演奏したり、地謡をうたったりした。

政子は、自宅で神能の仲間と一緒に稽古をしたり、音楽好きの人と戦後まだ珍しいレコード鑑賞会や食事会を開いたり、仲間たちと野外に出かけたりと、夫との関係の希薄さを埋めるかのように、自分の生活を謳歌していた。永松が時々送ってくるヤクルト原液を薄めて隣人や来客に提供していたし、近所の子供たちにも政子は人気があった。

一方で、上京して二人で一緒に生活している夫や娘との距離感は、日々広がっていた。夫と娘の生活に何かと面倒を見たがって介入するS子の存在が許し難く、口に出せない大きな葛藤があった。しかも戦後の農地解放で収入の道が途絶え、男手はなく、宇佐での生活は日を追って苦しくなり、永松からの仕送りだけでは足りなかった。

永松が、宇佐の家族を川崎に呼び寄せようとした時、下の子供たちが口々に言った。とりわけ母親の気持ちを察した娘たちは、感情をさらけ出した。

「何よ今さら。これまでどれだけお母さんが苦労してきたのか。東京に行くと言って出てから帰ってもこない。お母さんが自分の着物やおじいちゃんの骨董品を少しずつ処分して生活していたなんて、あいつは知りもしないさ」

そのころ、宇佐の家族の会話では日常的に父を「あいつ」と呼んでいた。

「家も土地も尾崎家の財産は、みんな勝手に売り払ってしまって」

「あいつの会社は儲かっても、私たちは父親らしいことは何一つしてもらったことがない」

結局、下の子供たちが東京へ進学するのを機に、政子は宇佐を引き払うことに決めた。永松の川崎の家には、すでに進学のために上京していた上の息子と、実母のナツが加わった。しかし政子は、下の子供たち三人と養母チヨとで、独自に東京都内で暮らすことにした。

冷え込んだ夫婦間の絆を取り戻すことは、もう不可能であった。

病に臥す

昭和四十五（一九七〇）年、日科は突然倒産した。理由は不明。日科のある支援会社が背信行為をしたともいわれるが、真相は定かでない。永松も何も語らなかった。この時、永松は「国家的事業」として打ち込んできた「食と健康のユートピア構想」が瓦解し、大きな挫折感に襲われた。

日科が倒産した後、各地の日科子会社では、独自に販路を開拓しなければならなかった。永松を信じ切った人たちだけに廃業するケースも多かったが、プレットの名称を替えて継続したり、別の乳酸菌飲料を扱ったりする人もいた。永松はそうした子会社に頭を下げて回り、転職や金融機関への口利きなどに努めた。しかし、自ら再び仕事を立ち上げることはなかった。被爆による後遺症にも悩まされていた。

ヤクルト本社設立時から、永松に心酔して販売網の拡大に貢献した田中美穂は、日科でも同様に活躍した。その傍らでクロレラを使った独自商品の開発も続けていた。

自宅で床に臥すことが多くなった永松を、田中が見舞って商品開発の話を切り出した。

「田中君、それで今どれくらいの借金があるかね」

「約三〇〇〇万くらいです」

「えっ、たったの。丸が一つ足りないんじゃないか。これから事業を起こそうというのに、それじゃ動けないだろう。金をかけても、クロレラはきっとやりがいがあるよ」

この時、田中は改めて永松の人物の大きさと無念な思いを感じ取った。のちに田中はクロレラの栄養・健康食品の商品化に成功、クロレラで事業を始めた。自社ビル内には師・永松の銅像も建てている。

倒産から五年後、昭和五十（一九七五）年八月に永松は自宅で倒れた。脳血栓だった。

家族と語る機会は少なかったが、床にあって気が向くと長男や長女と一対一になって、夜通し話し込んだ。人生について、エリーでのこと、妻・政子のことなど、話題は多岐にわたった。

政子については「お母さんは豊かな教養があり、大変立派な人だよ。迷惑をかけ続け、お前たちのことも任せてきたが、我慢強く、よく切り盛りしてくれた」と、日ごろ口にしない妻への感謝の言葉も聞かれた。

永松は、政財界の多くの要人とも面識があった。

「俺が正垣社長ではなく、小林一三に弟子入りしていたらどうなっていたろうかのう」と、笑いながらも突然、思い出したように長女に言った。初めて聞く話だった。

小林一三は、山梨県巨摩郡河原部村（現・韮崎市）出身で、永松の師・正垣より一つ年上。阪急東宝グループ（現・阪急阪神東宝グループ）の創業者である。永松が正垣を知ったころは、小林は阪神急行電鉄（現・阪急電鉄）の社長で、阪急百貨店、六甲山ホテルなども手掛けていた。まさに時代の寵児だった。のちに政界に乗り出して、第二次近衛内閣の商工大臣にもなっている。

小林は乳酸菌研究グループ「研生学会」へ資金の支援をするなど、正垣とは旧知の仲で、永松とも面識があった。

「小林に仕えるなんぞ考えたこともありゃあせんが、時代を先取りする人じゃった。俺も金持ちになっとったやろうか。ははは」

と長女を笑わせた。「研生学会」当時の正垣の永松への肝入りぶりからすれば、永松が小林からの誘いを受けたとしても不思議ではない。

時折、こうして思い出しては、

「大蔵大臣だった佐藤栄作（のち総理大臣）さんの奥さんは、クロレラを愛用してから若返ったよ」

と懐かしむように話したこともある。永松はクロレラ開発の当初に佐藤には何度か会っている。

事業を立ち上げて、浮き沈みしながらも、発展させてきた。それには、政界、財界の個人的な強いパイプと信用なくしては、困難であっただろう。永松が日ごろ「人の和」をモットーとした生き様を貫いた証左でもある。

S子の存在について、もう少し触れておこう。

水商売をしていたS子は、さすがに交際の幅が広く、ヤクルトの再建を図っていた永松に、いろいろな人物を紹介した。趣味の麻雀が輪をかけて人脈を広げ、政治家の後援会関係から、街の有力者、寺の檀家の世話に至るまで、社交性は永松にも負けない。

S子の好意を気軽に受けていた永松だが、しかしそれは永松の気の緩みにもつながった。S子はヤクルト本社設立後、平気で本社にも顔を出すようになった。知らない社員は、その振舞いにてっきり永松の妻だと思い込んだ。S子から叱られる社員まで出てくれば、社内に醸し出される永松への〝違った空気〟は年月とともに広がってくる。

ちょうど松園が全製協の理事長などへ昇進し、社内発言力を備えてきたころである。

S子の社内外での存在に、松園やほかの幹部たちも嫌悪感が鬱積し、それが永松批判へとつながったのは否めなかった。

葬儀参列を禁止

ベッドの上に横になって述懐する永松。その脳裏に絶えず去来したものは、ヤクルト本社創設時に社員たちに〝同志〟と呼びかけて約束した大家族主義の実現であった。

「日本でユニークな共同生活体を創る。人生が同志で始まり同志で終わる豊かな人生」でありたい、と決意を述べた。だが今日に在って「同志と苦楽を共にする人生たりえたのか」との呵責に耐えない日々であった。

永松は日ごろから、こうも言っていた。

「大きな宇宙の中でどんな栄耀栄華を極めようが、貧者に徹しようが、それは小さなことだよ」

「人は天に生かされている。人に慈愛で接するのは天を敬うことだ」

頼まれると、そう言って西郷隆盛の愛した「敬天愛人」をよく揮毫していた。それは永松が「人の和」を尊び、「同志」を思う心でもある。

昭和五十（一九七五）年八月十八日、永松は自宅で静かに逝った。享年六十五だった。

＊　＊

それは突然に起きた。

昭和五十年八月の盛夏。場所は神奈川県川崎市——。

以下、永松の長男・尾崎秀幸の著書『怪物ヤクルトの超えられない壁——創業社長永松昇13回忌に浮かぶ光と影』より引用する。

父、永松昇の通夜が終わり、真夏の夜が明けようとしていた。（略）
浅いまどろみの中で、誰かが私を呼ぶ声がする。私は目覚めた。

目覚めた私に、暁の来訪者がいることが知らされた。玄関に出てみると、驚いたことに側近を一人連れて松園氏がひっそりとお忍びでやってきたのである。前日以来松園氏に激しい怒りを感じていた私は、そのまま帰ってもらおうと思ったが、ひとまず応接室に通した。

松園氏が悔やみの言葉を述べ終ると、側近は袱紗《ふくさ》の中から、香典の袋をとり出し、私の前に置いた。その袋の表書きに百万円と記入されていた。私はそれに視線を走らせてから、松園氏に言った。

「松園さん。これはひと桁ちがうんじゃないですか?」

私の言葉に、父の最期を見とった女性が、あわてて私の袖口を引いた。

父、永松昇のお陰で、松園氏は今の地位をかち取ることができたのである。松園氏が、今あるのは、父、永松昇との出会いがあったからだ。

そして今、何十億、何百億の金が自由にできるようになった松園氏が、どれだけの金を包んで来ようが、父に対しては多過ぎるということはないはずだという思いが、私の中にはあった。(略)

「一度飾った花輪を撤去しろ、葬儀への列席を禁止するなどという、死者にツバするような本社命令を出すとは、一体どうしたことですか。同じ本社命令を出すにしても、ヤクルトの創業者、永松氏の葬儀には本社をあげて出席し、その霊の安らかなるを祈れ。こう言ってごらんなさい。訳知りの多い、この業界の人たちは、さすがは松園氏だ。花も実もある苦労人だと、あなたはこの業界で一躍人望が上がったはずです。しかし現実には、あなたのなさったことは全く反対のことですね」

私の言葉が終ると、松園氏は鋭い視線を私に走らせ、少し考えるような素振りをみせていたが、

「今まで、私は永松社長と、あまりにも骨肉の争いをくり返し過ぎた。今さら、永松社長の葬儀に出席しろなどと、口が裂けても言えないじゃありませんか」

と、ぶ然と言ったのである。しかしやがて開き直るように

「だからこうして、人目を忍んでやって来た。ヤクルトの連中にこんな姿は見せる訳にいかないんだ」

と、彼は言った。

ヤクルト関係者の花輪を撤去させたのは、永松憎しという気持よりも、むしろヤクルト創業者としての永松の足跡を、早く消してしまいたいという、コンプレックスと半ばあせりの気持からであったのは言うまでもない。

「骨肉の争い?」

長男は松園からそんな言葉を聞くとは思わなかったはずだ。

長男は大学受験で上京して以来、川崎市の永松の自宅で生活を始めた。ちょうどヤクルト本社が設立された昭和三十年からで、永松が退任した三十九年まで一緒だった。大学を卒業後は、公認会計士事務所に勤務した後、永松が立ち上げた日科に就職した。

長男の学生時代から永松の自宅には松園らヤクルトの社員がよく訪れていた。次第にヤクルト本社内の様子が長男にもうかがい知れた。家での松園は永松から厳しく叱責されることもあったが、永松と麻雀卓を囲む一員でもあった。松園への批判や更迭を求める社内外の声に対して、永松は松園の技量を買って、かばい続けていた。

永松がヤクルト在任中や退陣後も、ヤクルトに関する様々な事柄が世間の耳目を集めてきた。松園はそれらを「永松との骨肉の争いだった」と受け止めていたとは——。

「父も無念だと思って聞いただろう」

長男は静かに父に思いを馳せた。

——かつて父は、幼くして母方の実家に養子入りして、安田姓から永松姓を継いだ。自分も誕生後まもなく、母の実家の養子となって、永松姓から尾崎姓となった。しかも父の実母と自分の母は実の姉妹なので、自分の両親は、いとこ同志の結婚である。「血縁の輪廻」とでも言おうか、複雑なわが家系を思いやった。

父の仕事柄、両親、二男三女の家族はバラバラの生活を生涯にわたって余儀なくされてしまった。通夜、葬儀に参列した身内には、父を「あいつ」呼ばわりした妹たちの姿はなかった。

幸いにも、自分は父と最も長く一緒に生活ができた。学生のころは、しばしば父から、「朝まで付き合え」と部屋に呼ばれて、おもむくままに人生観や人間について夜を徹して語り合った。そのまま炬燵で寝入った自分に、朝気付くと父の羽織が掛けられていた思い出も浮かぶ。

父は、日常的に凡庸な安寧さを求めずに、人生をただひたすら、世のため不撓の精神で駆け抜けてきた。一方、家族愛や肉親への情を、心の中での思いとは裏腹に十分表現しきれなかった無骨な男でもあった。——

その永松の心の中での思いを知っていたのは、長女と長男だけだった。いつだったか病に伏した永松が、二人にふと漏らしたのだ。それは、永松が幼くして養子に出されたことに起因していた。

「俺には家族との接し方がわからん。養子になった時、子供ながらに本当の両親ではないことに引け目があった。義母《かあ》さんも厳しかったし」

「自分の子供にどうやって接したらいいのかもわからん。お前たちも二人して生まれてすぐ尾崎の養子になった。ほかの子供から見れば兄弟と言われても、そうじゃない気がしているだろう」

その時、姉弟はこれまで聞いたことのない父親の心の葛藤を知ったのである。

永松は実父も早くに亡くしているから、実の両親の愛情をほとんど受けずに育った。「家族との接し方がわからない」ことから、周りの人に「同志」として家族のように接し、寛容であり続けたのかもしれない。

日科が倒れ、自ら新たに事業を起こして人を使う立場にある長男は、父が貫いた「寛容と忍耐」を遺言だと思った。

永松の墓

永松の墓は、宇佐市の実家からほど近い圓通寺にある。母校・宇佐中学にも近い。

圓通寺は、県下最古の臨済宗の寺として知られる。鎌倉時代に宋に渡り修行した栄尊が、無事に帰国して宇佐神宮を参拝して報告した後、この地で開山したと伝えられる。宇佐神宮の現在の表参道から、まっすぐに北側の山麓方向へ延びる緩やかな山道を、約三〇〇メートル入った絶好地にある。

奈良時代から広まった神道と仏教の信仰が一緒になった神仏習合のもとで、神宮寺が各地の神社に設けられた。宇佐神宮では弥勒寺が神社内に建てられたが、神社の厚遇をえて金堂、講堂、三重塔などを配した堂々たる寺だった。弥勒寺は何度も火事にあって焼失した。他藩に在って深く悲しんだ栄尊は、再建に献身した。このことが栄尊の圓通寺開山に当たって、宇佐神宮から神宮寺並みの大きな加護を受けることになった。その当時は、七堂伽藍を配した大寺であったが、現在はその面影は薄い。

圓通寺

永松家の墓は、圓通寺からさらに少し登った山道わきの丘陵地の一角にある。永松が中学時代に駆け回った山野に連なる一隅だ。

永松の死の翌年、政子が、周辺各地に散在した古い親族の墓石や墓碑などをまとめて、永松家の墓として一緒にして建てた。嫁いだ家を守り抜いた女の意地と、妻の責務としての証だったのだろうか。

永松家の墓

永松もここに眠る。

遺骨は、葬儀でかいがいしく立ち振る舞ったS子の手によって、すでに神奈川から圓通寺に預けられていた。

「松雲院福海無量居士」

里帰りした永松の戒名である。

だが、その後、長寿で亡くなった政子は、ここには眠っていない。契りきれなかった自らの墓標は、遠県の地にある。

松園は平成六（一九九四）年十二月十五日、七年の闘病生活ののち、名誉会長のまま七十二歳の生涯を閉じた。葬儀は、東京都青山葬儀所で桑原潤社長を葬儀委員長にした社葬で行われ、二五〇〇人を超える参列者があった。

永松のそれと比ぶべくもない。

弔辞——あとがきに代えて

あなたに関心を持ったのは、平成二十五（二〇一三）年当時、ウェブサイトのヤクルト本社沿革年表に永松昇の名前が出てこなかったからだ。なぜ代田稔が創業者になっているのか疑問に思った。

さらに永松昇を検索しても該当はなく、長男・尾崎秀幸の著書名は出てきたが、その内容についても紹介は全くなし。これらに「意識的な排除」を感じた。なぜだろう――。

平成二十六年三月二十五日に『ヤクルト75年史』が刊行されたと、刊行の一年後に知った。この時に初めてヤクルトの創業「事業化の功労者」として、永松昇が登場した。福岡で創業し、東京で本社を立ち上げて辞任するまでの記述がある。

しかし、ヤクルトの創業社長が松園尚巳と誤解している人も多い。確かに社長在任期間（一九七〇―八八年）は松園が最も長い。ヤクルト事業拡大の功労者であったことも間違いない。

平成三年四月、投じた私財を基に、公益財団法人松園尚巳記念財団が長崎市に設立された。財団のホームページによると、その目的は「将来の社会を担う若者が経済的理由から修学の機会を断念することなく、求める教育を適切に修められるよう根気強く支援し、夢や希望を示せる人材を一人でも多く未来へと送り出すことで、世代や経済的較差の垣根を超えた社会支援の連鎖が育まれるための奨学」とし、奨学金を支給している。また、「幅広い人材育成目的の観点から、豊かな未来社会を作る環境創り、文化の向上や経済の発展に寄与するため、スポーツや芸術などの普及活動を行う個人または団体に対して助成」を行っている。

あなたが社長を務めていた時代の松園の言動からは、いつも野望に燃え、あなたへの闘争心がうかがえる。が、あなたはむしろ自分にないものは彼の技量だとして、認めて伸ばした。それが松園にはかえって疎ましく、すべての面から「永松」の名前をあえて抹消しようとしてきたのではなかったか。それが、創業者を松園だと誤解する人が多い要因にもなったのだろう。

やっと謎が解けた気がする――。

あなたは暴力を嫌い、人をだましたり陥れることを嫌い、利益は追及しても、私財を蓄えることはなかった。

象徴的なことがあった。

まだ本社立ち上げ間もないころ。松園が何かの不手際を起こし、金を持ってあなたに詫びにきた。あなたはそれを見ると「馬鹿にするな。こんなものは要らん」と言って、つかんだ札束をいきなり本社二階窓から外に投げ捨ててしまった。

一方で、こんなこともあった。

松園の自宅新築祝いに、岳父からもらった横山大観の掛け軸を、惜し気もなく贈った。

あなたはただひたすら、国民の食生活改善と健康社会建設に人生をささげた。

その姿は、明智光秀の三女で細川忠興の正室・細川ガラシャの辞世の句、

散りぬべき時知りてこそ世の中の花も花なれ人も人なれ

と重なる。

夫・忠興が関ヶ原の戦いで出陣中に、石田三成から人質として大坂城に幽閉されるのを拒み、彼女は壮絶な死を選んだ。私には生き様の美、充実した生の賛歌と映る。

あなたは、その時々に何をなすべきか、時世に呼応して精一杯奮闘しながら、最後は図らずも陥った事態を寡黙に受け止めて身を引いた。自らの健康と天秤に計りながら「時知りてこそ」なしえた充実した一生でもあったように思える。

死の枕元には、日々手を合わせ続けた恩師・正垣家の墓の写真が置かれていたという。あなたは恩と義理の人生を全うした。しかし、その生涯を知る人は、郷土の人でさえ少ない。

だが見方を変えれば、仕事とはいいながらも、結果的には自分の理念に邁進しすぎて、家族との絆を疎かにしてしまい、最後は身内の一部からも見捨てられた生涯だった。

でもあなたは、それで満足していると思いたい。身内より仲間を優先し、結果的にその製品

は日本全国に、いや今や世界に広がり、事業は拡大した。望んだようにあなたはその礎になったのだから。川筋男としての矜持を貫いた。
広島で入市被爆し、果敢な時期に病魔と闘いながらも、恬淡として埋もれていったあなたは、現代失われいく何かを私たちに示唆してくれている。同じ郷土の輩の一人として、ここに鎮魂したい。

平成三十年二月

井上茂

	永松関係	関連事項	世の中の動き
明治43年 1910	3月8日、永松昇、福岡県遠賀郡若松町に生まれる		5月、大逆事件 11月、白瀬矗（のぶ）中尉ら南極探検出発
大正1年 1912		正垣角太郎、生菌乳酸菌培用に成功	
大正3年 1914		正垣主催「研生学会」開設 国内初のヨーグルト生産 ミツワ石鹸創業者の三輪善兵衛がヨーグルト名を商標登録、製造販売。	8月、第1次世界大戦参戦
大正7年 1918	宇佐、永松家の養子になる	カルピス発売（日本初の乳酸菌飲料）	8月、シベリア出兵
大正12年 1923			9月、関東大震災
大正13年 1924		正垣角太郎、生菌を使った乳酸菌飲料を日本初宅配	

大正14年 1925			3月、ラジオ試験放送開始
昭和3年 1928	旧制宇佐中卒業（27期生）。第三高等学校受験するも失敗。京都へ		
昭和4年 1929	第三高等学校再受験断念。エリー入社。正垣角太郎と出会う		10月、アメリカ株式暴落、世界恐慌始まる
昭和5年 1930		代田稔、ラクトバチルス カゼイ シロタ株発見	
昭和6年 1931			古賀政男作曲「酒は涙か溜息か」流行
昭和7年 1932	このころエリー大阪支店（正垣の次男が店主）で働く		5月、五・一五事件発生
昭和8年 1933	過労により半年間の静養生活を送る		3月、日本国際連盟脱退
昭和9年 1934	いとこの尾崎政子と結婚		
昭和10年 1935	4月、福岡市に「ヤクルト研究所」設立（創業）		9月、第1回芥川賞・石川達三「蒼氓」直木賞・川口松太郎「鶴八鶴次郎」

	11月、ヤクルト研究所を「代田保護菌研究所」に名称変更		
昭和11年 1936			2月、二・二六事件発生 8月、ベルリン五輪「前畑頑張れ」放送
昭和12年 1937	4月、180mlビン発売。1本5銭、6倍に薄める	エリー正垣社長死去。63歳。永松27歳。エリー解散	7月、盧溝橋事件で日中戦争始まる
昭和13年 1938	4月、エル・ヤクルト商標登録（永松と神谷龍之介共同名義）	3月、代田召集。しかし5日で除隊。7月、京大退職	2月、若松出身作家火野葦平、「糞尿譚」で芥川賞受賞 東京に木炭車バス登場
昭和14年 1939	4月、下関市安岡に原液製造工場と前線基地・代田保護菌研究所所長・代田）設立 9月、宇部市海岸通り1丁目（宇部市昭和町）に販売専門組織の代田保護菌普及会設立	代田、京都自宅に代田研究所設置	9月、毎月1日を「興亜奉公日」、一汁一菜、日の丸弁当奨励 10月、米、麦の配給制度始まる
昭和15年 1940	11月30日、砂糖の配給制から、無糖ヤクルトを「生菌エル・ヤクルト」として商標登録	7月、福岡県令で赤痢対策として氷菓製造にヤクルト混入決める 12月、極東練乳が明治乳業に改名	9月、日独伊3国同盟 10月、大政翼賛会創立

昭和16年 1941	1月、代田保護菌研究所下関工場完成。福岡は分工場に		12月、日本、真珠湾を攻撃、日米開戦
昭和17年 1942	義父・尾崎寅之助死去。67歳。	1月、国策会社「蚕糸利用開発会社」設立。八代経済警察がヤクルトを物品税未納で摘発	6月、ミッドウェー海戦
昭和18年 1943	永松一家、宇佐に転居 1月、サナギタンパクの特許（栄養料兼整腸剤ノ製造法の特許）取得 永松に召集令状	山口県警察からクレーム。別府に航空機部品の工場経営	9月、上野動物園で猛獣の薬殺、供養
昭和19年 1944			8月、学童疎開船「対馬丸」撃沈、1500人死亡
昭和20年 1945	8月、永松、広島原爆被爆（列車通過中）		3月、東京大空襲 8月、終戦
昭和21年 1946	4月、戦後初の衆院選に永松出馬するが落選		5月、東京裁判（極東国際軍事裁判）開廷
昭和23年 1948	ヤクルト休業。永松、日本ビーズ工業社長に	銀座にビーズギャラリー	

昭和24年 1949		ヤクルト類似品出回る	11月、湯川秀樹、日本人初のノーベル賞
昭和25年 1950	上京の列車内で田中美穂と出会う 日本ビーズ工業、シルクローズ相次ぎ焼失	日活社長・堀久作の世話になる	6月、朝鮮戦争 12月、池田勇人蔵相「貧乏人は麦を食え」発言
昭和26年 1951			9月、サンフランシスコ講和条約
昭和27年 1952	永松単身上京。日活国際ビルに国際実業設立に参加（29年閉鎖）	砂糖統制撤廃	4月、NHK連続放送劇「君の名は」放送開始（～29年4月）
昭和28年 1953			7月、朝鮮戦争休戦協定
昭和29年 1954	永松にヤクルトの無断販売通報相次ぐ 尾崎秀幸、受験のため上京し39年まで同居 12月、熊本でヤクルト再興会議	松園、20～30万円持って上京、永松と会う	3月、第5福竜丸ビキニで水爆実験被災
昭和30年 1955	4月、ヤクルト本社設立。東京都中央区西八丁堀4－4、白橋ビル		7月、トニー谷長男（6歳）誘拐事件 日本住宅公団設立

	永松、退職時に返還の条件で商標権をヤクルトに貸与 8月、ヤクルト本社、東京都中央区西八丁堀4－6に移転	8月、本社ビル1階で窪園秀志ビン詰め工場設立 12月、財団法人日本食生活協会発足	8月、森永ヒ素ミルク事件発覚
昭和31年 1956	9月、「ヤクルト新聞」創刊	6月、松園が八王子で原液工場	5月、水俣病、初の患者発生報告
昭和32年 1957	宇佐から永松家族上京	武見太郎、日本医師会会長に	10月、世界初人工衛星スプートニク1号打ち上げ成功
昭和33年 1958		2月、武智芳郎、微生物発育促進物質発見	11月、皇太子妃・ミッチーブーム 12月、1万円札発行。東京タワー完成
昭和34年 1959		松園、全国ヤクルト製造協同組合の理事長就任	9月、上野動物園で猛獣の薬殺、供養
昭和35年 1960	このころ前大蔵大臣・佐藤栄作に面会	財団法人クロレラ研究所設立（昭和38年1月廃止）。クロレラヤクルト販売	1月、火野葦平死去 ダッコちゃんブーム 12月、池田勇人内閣「所得倍増計画」発表
昭和36年 1961	千代田区神田にデヒドロ酢酸対策本部設置	全国11地区に販売協同組合。厚生省、デヒドロ酢酸使用	4月、初の人工衛星「ボストーク」成功。宇宙飛行士ガ

	ヤクルト本社、中央区日本橋本町3丁目、東硝ビルに移転	禁止令	ガーリン「地球は青かった」
昭和37年 1962	4月、科学技術庁長官賞受賞 5月、来日の宇宙飛行士ガガーリンと面会		9月、東洋一のつり橋若戸大橋開通
昭和38年 1963	1月、日本クロレラ株式会社設立 1月、永松退陣表明 3月、社長退陣、会長に 9月、取締役会長も辞職	4月、代田社長、松園専務体制 6月、熊本でのヤクルト業者会議でマンガン使用を業者非難 婦人販売店制度化	11月、ケネディ米大統領暗殺
昭和39年 1964	1月、株式会社日科創立（東京・桜菊会館）。ヤクルト、永松の日本クロレラ株買収 12月、クロレラ入り乳酸飲料プレット販売	3月、南喜一、ヤクルト取締役会長に就任 6月、クロレラ工業設立 台湾にヤクルト海外初進出。クロレラ普及の全国展開 10月、東京オリンピック協賛	10月、東海道新幹線開通。 10月、東京オリンピック開催
昭和40年 1965	各地でプレット戦争 5月、永松、ヤクルト商標権返還訴訟起こす	クロレララーメン販売	2月、米軍による北爆開始（ベトナム戦争） 5月、新潟水俣病、正式発表

昭和42年 1967		8月、マンガン問題発覚。 9月、マンガン問題国会追及	フーテン族、ヒッピー族
昭和43年 1968		12月、プロ野球サンケイアトムズ球団買収	5月、イタイイタイ病、公害認定 8月、日本初の心臓移植手術
昭和44年 1969	ヤクルト商標権返還訴訟示談成立、1億8000万円	3月、松園副社長に 球団名をアトムズに改称	7月、アポロ11号月面着陸
昭和45年 1970	日科倒産	新容器機械全国設置完了 新製品ジョア発売 3月、南会長死去。代田会長、松園社長に 球団名ヤクルトアトムズに改称 6月、本社ビル地鎮祭	3月、日航機よど号ハイジャック事件 11月、三島由紀夫、割腹自殺
昭和46年 1971	全国の日科子会社を激励して回る	1月、ヤクルトハウジング設立 2月、化粧品に進出 7月、新製品ジョア全国発売	
昭和47年 1972		8月、東京都港区東新宿に本社新館完成	2月、浅間山荘事件

		ヤクルトゼネラルハウス工業設立	
昭和48年 1973		球団名をヤクルトスワローズに改称	11月、下関—北九州間の関門橋開通
昭和50年 1975	8月、永松死去。65歳	3月、武智芳郎死去 永松を師と仰いだ田中美穂、日健総本社創業	3月、山陽新幹線（岡山—博多）開通
昭和53年 1978		1月、ヤクルトスワローズ日本一に	
昭和55年 1980		1月、ヤクルト東証2部上場	
昭和56年 1981		7月、ヤクルト東証1部上場	
昭和57年 1982		代田稔死去。82歳	
昭和62年 1987		松園、病に倒れる（平成6年死去）	

主な参考資料

H・A・SPOEHR「太陽熱と未来の食糧――食糧資源としてのクロレラ」（「資源」資源協会、一九五四年四月）

R・L・マイヤー「未来の食料資源〝クロレラ〟の役割」（同前書、一九五四年五月）

「クロレラ　世界一の研究所　国立町に　きょう地鎮祭」（「日本経済新聞」一九五七年五月二十九日付）

「クロレラによる消化性潰瘍の治療」（「日本医事新報別冊」日本医事新報社、一九六二年八月）

「日本クロレラ新たな飛躍へ」（「月刊経済」月刊経済社、一九六五年八月）

「ヤクルト・グループ成長の二つのカギ」（「実業の日本」実業之日本社、一九六三年十一月）

「座談会　日本のクロレラ研究」（「厚生」厚生問題研究会、一九六二年四月）

「〝夢の食品〟クロレラの工業化に成功」（「フクニチ新聞」一九六五年二月二十三日付）

「脚光を浴びだしたクロレラ」（「実業往来」実業往来社、一九六五年九月）

「ヤクルト製造過程にマンガン」（「毎日新聞」一九六七年九月九日付）

「事実なら厳重に処分　河野氏追及に厚相答弁」（「西日本新聞」一九六七年九月九日付）

宮下正房『挑戦的販売組織――売りまくる10社の秘密』（日本実業出版社、一九六八年）

「社長人間学　塩田丸男ヒューマン・インタビュー　試行錯誤の繰り返しで生まれた「クロレラ」～乱立するライバルの中で正しい商道を貫く～板波俊太郎　塩田丸男」（「セールスマネジャー」ダイヤモンド社、一九七七年）

伊藤秀三郎「高タンパク食としてのクロレラの利用」（「New food industry」一九七二年六月）

「クロレラ研究五〇年の成果　チクゴ株クロレラ×生体防御論」（「読売新聞」二〇一五年八

月二十七日付）
尾崎秀幸『怪物ヤクルトの超えられない壁――創業社長永松昇13回忌に浮かぶ光と影』（筑波書林、一九八七年）
松本金吾「小説ヤクルト」（「月刊日本」政策時報社、一九七五年五－八月）
野田正則『ヤクルト悪の構図』（エール出版、一九八二年）
坂口義弘『誰も書かなかったヤクルトの正体』（国際商業出版、一九七六年）
邑井操『闘魂の記録――現代企業に生きる武将群の精神と戦略』市場新聞社、一九六八年
早瀬利之『ヤクルト集団の意気・松園尚巳研究――無から有を創るリーダーの条件』（笠倉出版社、一九八三年）
佐藤正忠「謎につつまれた松園尚巳の全貌」（「経済界」経済界、一九七二年）
坂口義弘「現代虚人列伝（続）松園尚巳――ヤクルトグループに君臨する田舎座長」（「現代の眼」現代評論社、一九七五年八月）
『ヤクルト75年史』（ヤクルト本社、二〇一四年三月）
田中美穂『死ぬ気でつかめ――田中美穂の組織革命論』（静岡新聞社、一九八四年）
赤羽紀元『窪園秀志の八方破れアイデア人生』（朝日出版社、一九九〇年）
「乳酸菌の不思議、一〇〇年のあゆみ」（福井正勝、ビーアンドドエス・コーポレーション、二〇一四年）
佐藤徳十郎著・佐藤武英編『南洋時代――佐藤徳十郎のプロフィール』（福大洋行、一九六八年）
光岡知足『人の健康は腸内細菌で決まる――善玉菌と悪玉菌を科学する』（技術評論社、二〇一一年）
蜂谷道彦『ヒロシマ日記』（法政大学出版局、一九七五年）
志水清編『原爆爆心地』（日本放送出版協会、一九七〇年）
「ヒロシマ新聞」（一九四五年八月六日）
「広島原爆被害の概要」（広島平和記念資料館、二〇〇六年）

福富太郎『昭和キャバレー秘史』（河出書房新社、一九九四年）
山平重樹『銀座愚連隊物語』（双葉社、一九九八年）
「宇佐神宮由緒記」（宇佐神宮庁）
宇佐郡史談会編『宇佐史談13巻』（一九三四年）
「日録20世紀」（朝日新聞社）
稲垣吉彦・吉沢典男監修『昭和ことば史60年』（講談社、一九八五年）
「近代日本総合年表（第二版）」（岩波書店、一九八四年）
小塚参三郎『若松繁昌誌』（若松活版所、一八九六年）
「九州若松商工案内」（若松商工会議所、一九三三年）
石炭鉱業聯合会編『石炭鉱業聯合会創立十五年誌』一九三六年
若松石炭協会『社団法人若松石炭協会五十年史』（若松石炭協会、一九五七年）
新九州新聞社編集『関門北九州官公・會社・紳士録』（新九州新聞社、一九五三年）
新九州新聞社編集『関門・北九州・福岡紳士録』（新九州新聞社、一九五五年）
石崎敏行『若松を語る』（石崎敏行、一九三四年）
堂屋敷竹次郎『北九州の人物』（金榮堂、一九三〇年）
医事時論社編『日本醫籍録』（医事時論社、一九二六年）
新九州新聞社事業部編『北九州名士録　五市合併記念』（新九州新聞社、一九六二年）
徳永博文『日本の石炭産業遺産』（弦書房、二〇一二年）
「選挙の記録」（大分県選挙管理委員会、一九四六年）
「大分合同新聞」（一九四六年四月十日、十一日付）
「別府史談」19号（別府史談会、二〇〇六年三月）
馬渡博親『私の出会った人たち――北九州歴史人物散歩』（櫻の森通信社、二〇一四年）
週刊朝日編『値段史年表――明治・大正・昭和』（朝日新聞社、一九八八年）
文教政策研究会編『日本の物価と風俗　１３０年

のうつり変わり』（文教政策研究会、一九九六年）
「人事興信録」第41版（興信データ、二〇〇一年）
記念誌編集委員会編「若松昔今――若松信用金庫創業60周年記念」（若松信用金庫、一九八三年）
吉田敬太郎『汝復讐するなかれ』（若松バプテスト教会、二〇一一年）
侠客の条件『侠客の条件――吉田磯吉伝』（ちくま文庫、二〇〇六年）
貝原益軒『筑前国続風土記』（文献出版、一九八八年）
E・メチニコフ著、平野威馬雄訳『長寿の研究――楽観論者のエッセイ』（幸書房、二〇〇六年）
衆議院社会労働委員会議録第七号（昭和四十三年三月十五日）
公益財団法人松園尚己記念財団ホームページ https://www.mhmf.or.jp

井上茂（いのうえ・しげる）
1943年、北九州市生まれ。西南学院大学卒業。フリーライター。全国紙の編集局部長デスク、代表室長、事業局次長、記念事業事務局長。キャンペーン「屋久杉とカヤの苗木を全小学校に」を提唱、管内約4000校（離島を含む）に植樹。2004年、狂言師野村万之丞（野村万蔵家８代目当主）とイベント「福岡芸能ルネサンス・はかた楽劇鴻臚館物語」を企画。日本古来の諸芸が今日の芸能へ変遷、発展した過程を、かつて異国要人を接遇した鴻臚館跡地（現・福岡市舞鶴公園）に野外大舞台を特設して実証。NHK のBS で全収録し全放映。2005～2010年、九州大学医学部 HP 執筆員。著書に健康読本「数字で分かる自分のからだ」（非売品）がある。

時知《ときし》りてこそ
ヤクルト創業者《そうぎょうしゃ》・永松昇《ながまつのぼる》

■

2018年２月28日　第１刷発行

■

著者　井上茂
発行者　杉本雅子
発行所　有限会社海鳥社
〒812-0023　福岡市博多区奈良屋町13番４号
電話092(272)0120　FAX092(272)0121
印刷・製本　有限会社九州コンピュータ印刷
ISBN 978-4-86656-021-2
http://kaichosha-f.co.jp/
［定価は表紙カバーに表示］